"그거 하면, 밥은 먹고살 수 있는 게냐?"

천문학이 밥 먹여 주니

머리말

고3 때였다. 한번은 지구과학 선생님이 수업을 중단했다. "너는 꿈이 무엇이니?"라는 선생님의 물음에 내가 "천문학자가 되고 싶어요."라고 답한 후였다. 내 대답을 들은 선생님은 모두에게 "잠깐만 자습하거라."라고 하고는 내게 의자를 가지고 교탁 앞으로 오라고 하셨다. 모두에게 주목과 곁눈질을 받으며 갑작스러운 상담이 시작되었다.

선생님 천문학자가 되고 싶다고?
나 네.
선생님 왜?
나 별이 좋아요. 밤하늘에 대해 더 공부해 보고 싶어요.

선생님의 표정은 오묘했다. 잠깐 눈썹이 꿈틀거렸다. 과거의 무언가가 눈 위를 치고 지나간 듯했다. 선생님은 흠, 하고 목소리를 가다듬더니 낮은 목소리로 이야기를 시작했다.

선생님 사실은 선생님도 어렸을 적 꿈이 천문학자였단다. 그래서 천문학과에 들어갔지. 그곳에서 별과 우주에 관해 배운 적이 있단다.
나 우와, 어떠셨어요?
선생님 물론 재미있었지. 그런데,
나 그런데요?
선생님 천문학과는 미래가 없어. 학계도 너무 좁고, 천문학자가 되는 것도 아주 어렵지. 취업의 문턱도 좁아. 그래서 선생님도 지구과학교육과로 과를 바꿨단다. 덕분에 선생님이 되어 지금 너희를 만나고 있지.
나 네….
선생님 혹시 지구과학교육과는 어떠니? 천문학과를 꼭 가야겠니?
나 네?

상담을 나눈 직후 나는 충격에 휩싸였다. 천문학과에 대한 미래나 비전이 암울해서가 아니었다. 천문학자의 꿈을 접은 누군가를 만나서도 아니었다. 그저, "천문학자가 될래요!"라고 말한 학생에게 "그건 아니야."라고 말하는 태도가 충격이어서였다.

물론 선생님의 진심은 이해가 간다. 자신이 겪어 본 가시밭길에 제자를 밀어 넣고 싶지 않았다고 생각한다. 조금이라도 어렵지 않게 살아가길 바라는 순수한 마음일 테다. 제자의 꿈을 밟고 싶은 선생님이 어디 있으랴. 어쩌면 선생님이 가장 괴로웠을지도 모른다. 그럼에도 그날의 대화는 여전히 충격이었다. 꿈을 포기하라고 강요받은 적은 처음이었으니까. 내게는 바위 같은 꿈이었지만, 누군가에겐 쉽게 부서질 듯 보이는 달걀 같은 꿈이었나 보다. 어쩌면 사람들이 바라보는 '천문학'은 그 정도가 아닐까.

"천문학 그거 얼마나 알아주겠어?"
"거기 나오면 뭐 취업이나 된대?"

다행히 밤하늘에 대한 사랑이 꽤 단단했는지 크게 고민하진 않았다. 소리 없이 밤하늘을 밝히는 별처럼, 그저 묵묵히 단계를 밟아갔다. 작지만 몇 번의 파도가 지난 뒤 결국 천문학과에 입학했고, 누군가가 좁다고 말한 그 무리에서 공부했다. 지금은 취업의 문턱을 넘어 천문대에서 아이들을 만나고 있다.

아이들과 별을 보면 무한한 행복감이 든다. 내가 좋아하는 것을 아이도 좋아하기 때문인지, 아이가 별을 좋아하도록 만든 것 같아서인지는 모른다. 어쨌든 감격과 비슷한 감정이 별빛 아래 든다. 그러다 보면 가끔 어린 시절의 그 상담이 떠오른다. 그리고 생각한다. '혹시 내가 지구과학 선생님이 되었더라면, 지금처럼 행복했을까?'

이 글을 지금도 고민하는 사람들에게 바친다. 혹여나 천문학에 뜻을 두고도 별과 함께 사는 일이 행복보다 외로움이 더 크진 않을까 고민하는 이들을 위한 기록이자, 밤하늘 아래에서 사는 일이 얼마나 설레는 일인지에 관한 흔적이다. 별빛 아래의 삶을 조금이나마 엿볼 수 있길 바란다.

2018.11

차례

1부. 천문대 이야기 아이들 앞에 서는 직업

1. 조금은 이상하고 생소한 천문대 ··· 13
2. 더 이상 가깝지 않은 하늘 ··· 23
3. 아이들의 음을 배우기 위해 다시 책상에 앉다 ···························· 33
4. 운이 따라 주어야 하는 직업 ·· 41
5. 화성산 감자를 카트에 담는 날 ··· 49
6. 질문하는 아이들 ·· 57
7. 천문대는 학원인가 ·· 67

2부. 밤하늘을 꿈으로 삼다 어쩌다 이곳으로

8. 밥은 먹고살 수 있는 게냐? ·· 79
9. 천문학과 엿보기 1 - 분위기가 좋아요 ·· 87
10. 천문학과 엿보기 2 - 예상과는 조금 다른 천문학과 ···················· 97
11. 천문학과 엿보기 3 - 박사과정 대학원생과의 인터뷰 ················ 105
12. 무엇이 되기를 포기했을 때 ·· 113

3부. 천문대 일상

13. 천문대의 계절 ·· 121

14. 별만 보는 건 아닌데 ·· 129

15. 밤에 일하는 사람들 ·· 139

16. 하루 밀린 주말 ··· 149

17. 먼 거리에 매인 사람들 ·· 155

18. 별 여행을 떠나다 ··· 163

19. 미국 '개기 일식', 그 짜릿한 체험 ·· 171

20. 별빛 아래, 아름다운 사람들 ·· 179

Episode ·· 185

쌤은 언제부터 별을 좋아하게 됐어요?
저는 선생님을 만나고부터 별이 좋아졌어요.

01
천문대 이야기

아이들 앞에 서는 직업

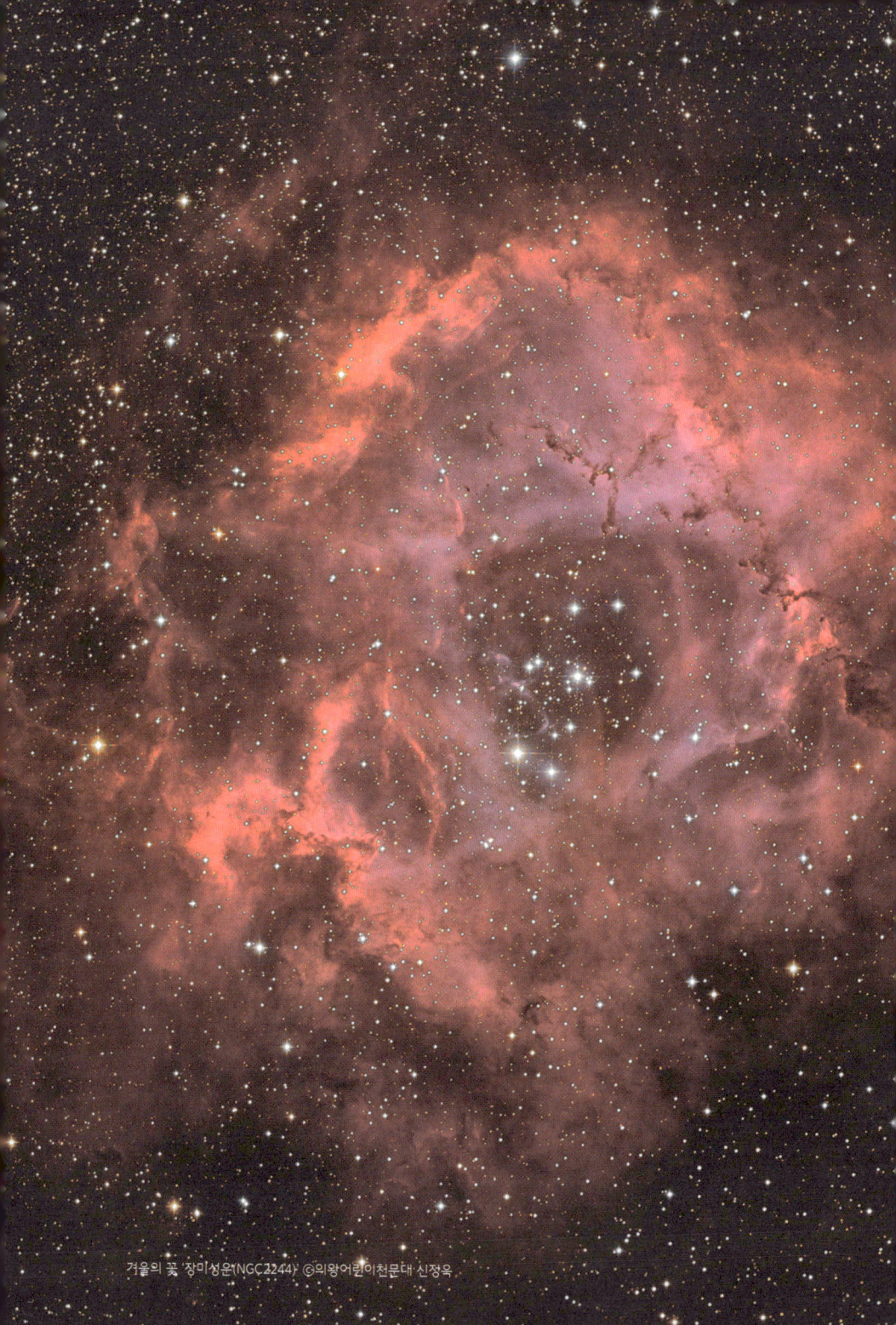

겨울의 꽃 '장미성운(NGC 2244)' ⓒ의왕어린이천문대 신정욱

1

조금은 이상하고 생소한 천문대

오늘 가도 돼요?

내가 일하는 〈어린이천문대〉는 보통의 천문대와는 조금 다르다. 입장료를 지불하고 관람 시설을 이용하는 천문대와 달리, 아이들이 팀을 이루어 예약하면 두 시간 동안 천문학 수업을 들을 수 있는 방식이다. 그 두 시간에는 흥미로운 천문학 이야기도 있고, 과학적 원리를 담은 실습과 만들기도 있다. 캄캄한 밤하늘 아래에서 반짝이는 별을 관측하는 시간도 포함된다. 아이들은 한 달에 한 번씩, 1년 동안 정기적으로 수업을 듣는다. 매달 정해진 교과 과정과 주제 안에서 우주를 좀 더 꼼꼼히 배운다. 〈어린이천문대〉에서 한 달에 한 번 우주 탐방을 떠난다. 그런데도 대중들에겐 아직 생소하고 알려지지 않았다. 그러다 보니 설명해야 할 일이 참 많다. 일단 문의 전화의 반이 "오늘 가도 돼요?"로 시작된다. 그러면 그때부터 주야장천 설명이 시작된다. 예약제 팀 수업이며, 초등학교 아이들 대상입니다. 팀을 짜오셔야 하고, 수업료도 있습니다.

숨 가쁘게 이야기를 하고 나면 보통은 "아, 네."라면서 전화를 끊는다. 기대했던 보통의 천문대가 아니기 때문이다. 전화를 끊지 않은 나머지도 "수업료가 얼마인데요?" 하고 묻고는 답변을 듣자마자 "에엑!?" 하며 놀라서 전화를 끊는다. 하루에도 수십 번 안내하고 나면 정말 녹음기라도 틀어 놓고 싶은 심정이다.

누군가에게는 우주를 배우는 데 지불하는 비용이 아깝게 느껴지나 보다. 뭐, 사실 그런 생각을 안 해 본 것은 아니다. 가끔 선생님들끼리도 "별을 보여주고 돈을 받는 게 대동강 물을 팔아먹는 것과 뭐가 다른가." 라며 우스갯소리를 하곤 하니까. 우주에 관한 수업과 과 콘텐츠에 대한 자부심이 엄청나기에 할 수 있는 농담이다.

 어렸을 적 아버지는 내게 종종 심부름을 시키셨는데, 이를테면 잡초 뽑기 같은 것이었다. 처음엔 꼭 간단한 일인 양 일을 시키셨다. "밭에 가서 물 좀 주고 올까? 5분이면 돼." 하는 식이었다. 그래 놓고 밭에 도착하면 잡초를 뽑자고 하셨다. 무더운 여름날 뙤약볕 아래서 쪼그리고 앉아 있노라면, 그렇게 억울할 수가 없었다. 차라리 처음부터 말해 주지. 그렇게 몇 번 밭에 나가고 나면 밭, 흙, 풀 따위와는 도무지 상종하고 싶지 않았다. 안 좋은 기억의 매개체처럼 쳐다만 보아도 괜히 이가 시큰했다.
 안타깝게도 내가 살던 곳은 앞뒤로 텃밭이 '배치'되어 있었고 텃밭은 늘 분주했다. 나는 흡사 도망치지 못한 '전쟁터'의 패잔병처럼 언제고 심부름을 해야 했다. 상추며 배추며 따오라는 것은 모두 따 가야 했다. 어린 나에게 텃밭은 그런 쓸모없고 고통스러운 '전장'이었다.

그런데 어느 날부터인가 우리 마을에서 이상한 아저씨 한 명이 목격됐다. 분명 우리 마을에 연고가 없는데 이따금 나타나 누군가의 밭을 일구는 것이었다. 주말이면 서울에서 내려와 온종일 밭을 일구다가, 저녁이면 뿌듯한 표정으로 돌아갔다.

나중에 알고 보니 '주말농장'이라는 것이었다. 돈을 내고 밭을 잠깐 빌리는 것인데, 일일 체험에 그치지 않고 일정 기간 동안 밭의 주인이 되어 작물들이 커 가는 모습을 주체적으로 보는 일이었다. '아니, 고작 그런 이유로 돈을 내다니? 받아도 시원찮은 판에 돈을 내다니?' 밭일이라면 진저리를 치던 내게 아저씨의 취미는 피카소의 그림 같았다. 이해할 수도 없었고, 멋있어 보이지도 않았다. 아저씨의 이상한 취미는 얼마간 계속됐다.

어느 날은 가족과 함께, 어느 날은 아저씨 혼자서 밭을 일구었다. 뙤약볕이 내리쬐는 여름, 밀짚모자가 만든 자그마한 그늘에 의지한 채로 하루를 보내도 별로 싫은 내색이 없었다. 나는 무슨 영문인가 싶어 "도대체 왜 이곳까지 와서 밭일을 하시는 거예요? 집에서 화초를 키우면 되잖아요."라고 물었고, 아저씨는 '별놈 다 본다'는 눈빛으로 이렇게 말했다. "집 안의 화분이나 베란다에서 키울 수도 있지만, 느낌이 다르단다. 무언가를 차근차근 배워 가는 느낌도 좋고. 시골에 와서 직접 작물을 키우니까 정말 농사를 짓는 것 같기도 하고. 하루하루 이놈들(작물들)이 조금씩 변해 가는 모습을 보면 비로소 자연을 느낀단다." 종종 그날의 대화가 생각난다.

아저씨가 품은 생각이 나와 확연히 달랐기 때문이다. 나는 자연 속에 있었지만 자연을 느낀 적이 없었고, 아저씨는 자연을 느끼기 위해 자연으로 흘러들었다. 그리고 나보다 몇 배는 더 깊고 열정적으로 자연을 느꼈다. 자연은 단순히 자연에 가까이 사는 것이 아니라, 자연을 느끼기 위해 깊이 노력할 때 더 가까이 다가온다는 것을 그제야 조금 느꼈다.

우주에 대해 '꾸준히' 배우는 것도 마찬가지다. 밤하늘에 별이 가득한 시골에 산다고 해서 우주를 상상하고 더 가까이 느끼는 것이 아니라, 우주를 찾고 배우는 아이들이 몇 배는 더 깊고 열정적으로 우주를 느낀다.

밤하늘은 마치 한 편의 영화 같다. 언제나 재생되고 있다. 어떤 때는 조용하고, 어떤 때는 전 세계가 떠들썩할 정도로 시끄럽지만, 어쨌거나 영화는 계속 된다. 영화를 즐기는 방법이 예고편이나 포스터가 아니듯 우주를 즐기는 방법도 그렇다. 한 번의 체험으로 그치면 138억 년에 이르는 장대한 시간의 흐름을 결코 느낄 수 없다. 아이들이 우주를 조금 더 차근차근 배우고 느끼는 일이 필요한 이유가 여기에 있다.

별을 보고, 우주를 배우는 데에도 시간과 돈이 든다는 사실에 누군가는 실망하고 불평한다. 왜 한 달에 한 번씩이나 아이를 데리고 천문대에 가야 하는지 의문을 품을 수도 있다. 그런데도 우주에 대해 배우라고 자랑스럽고 부끄럽지 않게 권할 수 있는 이유는 아저씨와 나눈 대화에 있다.

천문대에서 하루하루 밤하늘이 변하는 모습을 보며, 비로소 우주를 깊이 경험할 수 있다고 확신한다. 우주는 상상하는 만큼 커진다. 방대한 규모는 종종 숫자로 정리되지만, 머릿속의 우주는 생각하는 만큼 커진다. 오늘도 천문대에 온 아이들은 오랜만에 책 대신 하늘로 시선을 옮긴다.

♞ '선생님'이라는 단어의 무게

입사 3일째 되던 날이었다. 홀로 칠판 앞에 서서 자기소개만 수십 번을 했다. 겨울철 별 이름을 수백 번 되뇌고, 강의 흐름을 몇 번이고 되짚었다. 그래도 떨리는 건 여전했다. 덜덜덜. 이래서는 초짜인 게 다 티 나겠다 싶지만, 제멋대로 떨리는 손은 이미 뇌의 통제를 떠나 버린 후였다.

천문대 강사가 되고 처음 맡은 수업이니 경험도 실력도 부족했지만, 그것은 아무럼 괜찮았다. "아이들하고는 정말 자신 있어요!" 하고 당당히 대장님께 말했던 만큼 수업에 대한 걱정은 없었다. 오히려 내가 걱정했던 것은 '외모'였다. 스물다섯, 군대를 다녀오고 대학교 4학년 말부터 일을 시작했으니 누가 봐도 대학생 같았다. 길게 내린 앞머리에 꽤 마른 몸매 그리고 앳된(?) 표정까지, "저는 초짜입니다."라고 온몸으로 외치는 꼴이었다. '나는 아이들에게 천문학을 정말 재밌게 잘 알려 줄 수 있는데, 학부모들은 그렇게 생각하지 않겠지?' 나는 지레 걱정이 앞섰다.

혹시, '우리 아이들을 저런 초짜에게 맡기다니 너무한 거 아닌가요?'라고 하진 않을까, 못 미더운 눈으로 위아래를 훑진 않을까 두려웠다. 누구도 내게 "너무 어려 보여요."라고 한 적은 없지만, 이미 캄캄하고 깊은 구렁에 빠진 자신감은 그 흔적조차 찾아보기 어려웠다. 그리고 이런 상태는 몇 달간이나 나를 주눅 들게 했다.

저 멀리 차 몇 대가 보였다. 그대로 직진하는가 싶더니, 이내 좌회전하며 천문대로 들어오고 있었다. 그날은 내 수업뿐이니 내 아이들이 분명했다. 간신히 추스른 심장이 이내 또 터질 듯이 쿵쾅거렸다. 연예인이 등장해도 이처럼 떨릴까.

안내를 하기 위해 간신히 발을 뗐다. 그러면서 아이들을 데리고 온 학부모님께 뭐라고 할지 계속 고민했다. 안녕하세요, 어서 오세요, 반갑습니다, 첫인사를 어떻게 건네야 할지부터 어머니, 어머님, 학부모님, 어떤 호칭을 써야 할지까지 온갖 고민으로 머리가 어지러웠다. 표정과 목소리 톤까지도 혼자 몇 번이고 연습했다. 문 앞에 서서 초조함을 달래는데, 아이들이 먼저 도착했다.

> 쪼쪼쌤 오늘 처음 온 친구들이구나?
> 아이들 네~.
> 쪼쪼쌤 신발은 신발장에 넣고, 안으로 들어가자.
> 아이들 네~.

자연스러웠다. 아이들이야 언제고 익숙했다. 첫 아이들이라 왠지 더 정이 갔다. 아이들의 뒷모습을 보며 흐뭇한 아빠 미소를 짓는 찰나, 어머님 두 분이 시야에 들어왔다 평범한 인상의 학부모였다. 하지만 눈이 마주친 순간, 아까의 시뮬레이션은 백지가 되었다.

발뒤꿈치부터 올라온 딱딱한 긴장감에 온몸이 굳어 버렸다. 뭐라고 해야 하지? 생각할 겨를도 없이 입 밖으로 몇 마디가 툭 튀어나왔다. "아, 아, 안녕하세요." 그러자 어머님들이 합창하듯 말했다.

"안녕하세요, 선생님~"

'선생님'이라는 호칭은 아주 생소했다. 대학에 다닐 때까지 나는 줄곧 '학생'이었다. 음식점에서도, 체육관에서도, 심지어 핸드폰을 사러 들어간 내리점에서도 나를 학생으로 불렀다.

물론 다른 호칭도 있었다. 어머니에게는 '아들'로 불렸고, 어린아이들은 '아저씨'라고 불렀다. 결혼을 일찍 한 동창은 옹알이도 못하는 아들에게 '승현 삼촌'이라고 소개 하기도 했다. 기껏해야 '승현 씨' 정도가 나를 이르는 가장 높은 말이었는데, 밤하늘 아래 만난 누군가에겐 곧바로 '선생님'이 되었다. 그것이 그토록 어색하고도 미묘했다.

내가 그런 자격이 되는지 의심이 들었다. 선생님이라니. 내가 생각하는 선생님은 지식의 전달자가 아닌 지혜의 전달자였다. 세상에 널린 돌멩이 같은 지식 몇 개를 주워서 던지듯 전달하는 것이 아니라, 날카롭지도 않고 너무 차갑지도 않은 지혜를 골라 조심스레 쥐여 주는 사람이 '선생님'이었다. 그러니 '나는 그 정도 준비가 된 사람인가'라는 물음은, 스스로에게 던지는 따가운 의심이었다.

어머님들이 정한 '선생님'이라는 호칭에는, 뷔페에서 음식을 덜기 위해 집은 접시만큼이나 의미가 없다는 것을 안다. 그저 편한 위치에 놓인 적당히 깨끗한 접시를 고른 정도의 선택이다. 아무렴, 자기 아이들을 가르치는 강사에게 '아저씨'는 이상하니까. 하지만 의미 없이 뱉은 말이 뼈아픈 상처가 되기도 하듯, 아무 의미 없는 한마디가 또렷한 결심이 되기도 한다.

어떤 호칭이 나에게 던져졌다. 그리고 그 호칭은 아직 사회라는 공간에 젖지 못한 나를 우악스럽게 책임감으로 잡아끌었다. 나는 지금 학생이 아닌 강사로, 선생으로 있다. 그에 어울리는 사람이 되어야겠다고 다짐하면서, 밤하늘을 바라보았다.

2017년 8월 2일 저는 쪼쪼쌤입니다만…

쉬는 시간이었다. 사무실에 잠깐 올라가려고 교실을 나서는데 한 어머니가 나를 불러 세웠다. 그러고는 공손하게 물었다.

"선생님이 찌찌 선생님이시죠?"

찌찌?? "아… 저는 쪼쪼쌤입니다만…." 말끝을 흐리니 어머니 입에서 크흡, 하는 작은 부끄러움의 소리가 터져 나왔다. "아이가 그렇게 말해서 그런 줄 알았어요, 죄송해요." 하며 무언가 원망 섞인 표정을 지었다. 별것 아닌 '찌찌'는 듣는 사람과 뱉은 사람을 모두 부끄럽게 만들었다. 이런 오해가 빈번하다 보니 어머님들께 소개할 때도 일부러 한 음절 한 음절 끊어서 발음한다. "안녕하세요, 쪼.쪼.쌤.이라고 합니다." 또박또박 천천히 말하면 오해가 적지만, 아무렴 익숙한 말로 듣게 마련이니 그 와중에도 "네? 쭈쭈쌤이요?" 하는 경우가 더러 있다. 그러면 '저는 그런 이름을 별명으로 하는 사람이 아닙니다!'라고 항변하듯 다시 한번 힘주어 말한다. "쪼쪼입니다, 쪼쪼!"

별명은 어린아이들에게 친근하게 다가가고자 만든 '천문대 이름'이다. 내 이름은 아버지께 받았고, 영어 이름은 친구에게 얻었지만, 쪼쪼는 내가 지은 나의 첫 이름이었다. 하지만 내 이름은 아이들의 입에서 아주 쉽게 바뀐다. 찌찌, 쫘쫘, 쭉쭉, 쪽쪽, 쨱쨱. 아이들의 입에서 나는 내 이름의 주인이 아니다. 아무래도 상관없다. 아이들이 즐거우면 그만이다. 다만 가끔 부끄러울 때가 있다면, 어머님이 다른 선생님에게 이렇게 물을 때다.

"왜 저희 선생님은 이름이 찌찌예요?"

2

더 이상
가깝지 않은 하늘

별이 어디 있어요?

천문대 강사에 지나지 않은 내게 아이들과 어머니들은 '선생님'이라는 칭호를 주었다. 그 세 음절짜리 단어는 어느새 책임감으로 바뀌어 나를 짓눌렀다.

다행히 날씨가 좋았다. 첫 수업인 만큼, 아이들도 어머님들도 모두 별을 목말라했다. 가끔 첫 수업에 날씨가 안 좋을 때면 하늘을 붙들고 '왜 제게 이러시나요?'라고 하고 싶을 만큼 날씨가 중요하다. 맑은 하늘 아래 별이 총총히 떴으니 일단은 됐다. 아이들은 오늘 진한 밤하늘을 만날 수 있겠다.

강의실에서 만난 아이들은 초등학교 3학년 남자아이 여덟 명과 여자아이 네 명이었다. 아이들은 한껏 들떠 있었다. 도시의 불빛에 가렸던 별을 본다는 게 좋았는지, 구불구불한 시골길을 여행처럼 온 게 좋았는지는 알 수 없었다. 방금 꽃망울을 터트린 수선화처럼 해사한 얼굴을 하고는, 헤헤 하고 웃는 모습에 나도 따라 웃을 뿐이었다. 열 두 명의 아이들을 쪼르륵 이끌었다. 기차처럼 한 줄로 세워서는 "출발!" 하고 다음 역으로 출발했다. 칙칙폭폭, 열차가 옥상 관측실에 닿았다. 아이들은 한 발 한 발 계단을 오른 만큼 우주에 가까워졌다.

캄캄한 하늘에 보석처럼 별이 빛나고, 그 사이를 수많은 별자리가 수놓았다. 오리온자리, 큰개자리, 작은개자리, 쌍둥이자리…. 아이들은 대국이 끝난 바둑판처럼 별이 빼곡히 들어찬 밤하늘을 올려다보았다. 그러고는 아주 진지하게 말했다.

"별이 어디 있어요?"

나는 귀를 의심했다. "별이 어디 있냐니? 이게 다 별이잖아!" 그러나 아이들은 아주 밝은 별 몇 개만을 간신히 구분해 냈다. "여기에, 일곱 개 정도는 있어요!" 하고 아이들이 인심 쓰듯 말했다. "선생님은 서른 개도 넘게 보이는데?" 하고 말해도 감감무소식이었다. 별빛은 자신의 존재를 끊임없이 지구로 쏘아 댔지만, 아이들은 받지 못했다.

나중에 알았지만 이것은 적응에 관한 문제였다. 아이들은 별을 접한 적이 없었기 때문에 캄캄한 밤하늘에 뜬 별을 찾아내지 못했던 것이다. 작은 개울에 떼를 지어 움직이는 송사리를 알아보는 일처럼 무언가를 인지하는 데는 경험과 직관이 필요하다. 한번 보기 시작하면 끝도 없이 보이지만, 그전에는 전혀 볼 수 없다. 그래서 아이들은 별빛을 앞에 두고도 어둠을 더 잘 찾는다.

첫 아이들과 함께 별을 보며, 아이들은 밤하늘을 어떻게 느낄지 계속 궁금했다. 짧은 두 시간을 함께한 후, 나의 밤하늘이 아이들의 밤하늘과 같을 수 없음을 깨달았다.

'어쩌지.' 손에 든 초록 레이저를 초조하게 만졌다. 그리고 이내 꽉 쥐었다. 레이저 버튼을 누르자 초록빛 광선이 일직선으로 아름답게 어둠을 헤쳐 나아갔다. '이것으로 될까?' 가벼운 의심과 무거운 시선이 레이저 광선으로 향했다. 어두운 밤하늘 아래서 내가 가진 것이라곤 몇 쪽짜리 지식과 레이저가 전부였다. 이것으로 아이들과 나의 시선이 같아지길 소원했다. 별빛을 찾아 주는 길잡이가 되길 원했다. 그런 간절한 바람을 담아 초록빛을 이리저리 쏘았다.

마술 지팡이처럼 가리키는 곳마다 별이 튀어나왔다. 아이들의 함성 소리도 함께 터져 나왔다. 비로소 아이들에게도 무언가가 보였다.

하나, 두울, 셋. 늘 환한 불빛 아래서 무언가를 찾던 아이들은 거꾸로 어두운 하늘에서 희미한 밝음을 찾았다. 새롭지만 어색했다. 어떤 이름이 입안에 가득 고이기 시작했다면, 분명 무언가 시작되었다는 뜻이다. 어떤 경계를 넘은 것이 분명했다.

그 짧은 이름을 입 밖으로 소리 내 부를 때마다 혹은 머리속에 떠올릴 때마다 무게가 더해졌다. 아이들의 입에서 별의 이름이 튀어나오자, 별의 모습이 그려졌다. 나에게도 아이들에게도 분명 '시작'이었다.

칙칙폭폭, 옥상으로 올라갔던 기차가 다시 지상으로 내려왔다. 휴. 안도의 한숨을 깊게 내쉬었다.

저것은 대체 무엇인가

어느 겨울, 7시 쯤이었다. 한 아이가 헐레벌떡 천문대로 뛰어들었다. 그리고 누군가를 애타게 찾듯 연신 좌우를 살폈다. 마치 어미를 잃은 아기 새처럼 불안해 보였다. 무슨 일인가 싶어 뛰쳐나오니, 다짜고짜 큰 소리로 외쳤다.

"UFO가 나타났어요!"

집으로 돌아오는 길에 서쪽 하늘을 본 적 있는지? 하루를 치열하게 보내고 나면 주위에 시선을 주기가 참 힘들다. 저녁엔 특히 더 그렇다. 그럼에도 밤하늘을 본 적이 있다면 분명 무언가를 보게 된다. 반은 산이요, 반은 빌딩으로 둘러싸인 도심에서도 유난히 밝은 무언가가 눈에 띈다. 해가 진 서쪽에서 보이는 그것은 바로 금성이다.(매년 보이는 시기는 다르다.)

한 번도 금성을 본 적이 없다면 그 밝기에 깜짝 놀랄지도 모른다. 지구의 밤하늘에서 가장 밝은 별인 시리우스보다 열 다섯 배나 밝기 때문이다. 웬만한 도시의 네온사인에도 빛이 죽지 않는다. 이쯤 되니 별처럼 보이지 않을 법도 하다. 천문대에 부리나케 뛰어들어 온 그 아이가 본 것은 사실 이 금성이다.

밝게 빛나는 금성 ⓒ판교어린이천문대 신용운

자신이 본것이 UFO가 아니라 금성이라는 설명을 들은 아이는 고개를 끄덕였다. '혹시나…' 하는 걱정이 '우와!' 하는 감탄사로 바뀌는 순간이었다. 완전히 납득했다는 표정은 덤이다. 우주에 대해 가르치며 가장 뿌듯한 순간은 바로 이런 때다. 아이의 오해를 이해로 바꿔 놓은 이 순간.

그렇지만 속은 조금 쓰렸다. 금성에게도 감정이 있다면 분명 속이 많이 상했을 것이다. 금성이 그곳에 있기 시작한 지도 어느덧 세 달째다. 해가 지고 나면 늘 서쪽 하늘을 차지했다. 태양이 없는 자리에 왕처럼 군림한 지 세 달이 지났건만 이제야 눈에 띈 것이다. 아이들이 진 학업의 무게는 별빛마저 가릴 정도로 무거운 것이었다.

미안하기도 하고, 안쓰럽기도 하다. 기성세대가 짊어진 하루와 아이들의 하루가. 오늘은 한번 시도해 보자. 퇴근길, 우리가 짊어진 하루의 무게가 아무리 무거워도, 노을이 넘어간 자리에서 외롭게 빛날 금성을 바라보자. 그리고 혹시라도 누가 물어보거든 자신 있게 대답하자.

저건 금성이라고. UFO가 아니니 안심하라고.

이따금 문의가 들어온다.
"지금 서쪽에 엄청 밝은 비행체가 떠 있어요! 움직이는 것 같진 않은데 굉장한 빛을 내고 있어요!"
"그것은… 금성입니다."
"그럴 리가요. 보통 별보다 스무 배는 밝다고요! UFO가 틀림없습니다!"
"금성입니다."
"아 그렇군요. 쩝….."

띠링링링, 딸깍
"안녕하세요, 천문대죠?"
"네, 그런데요?"
"제가 UFO를 발견했어요!"

"언제, 어디서죠?"

"초저녁쯤, 하늘에 꼭 별같이 생긴 게 빛을 내며 움직이다 사라졌어요!"

"인공위성입니다."

"네? 빛이 하늘을 가로질러 가다가 사라졌다니까요?"

"네, 인공위성의 특징입니다."

"아 그렇군요."

UFO에 관한 다큐멘터리를 많이 봐서일까, 호기심과 동심이 아직도 남아 있는 걸까. 꽤 많은 사람들이 밤하늘의 무언가를 보고 UFO로 오해한다. 물론 UFO는 '미확인 비행 물체(Unidentified Flying Object)'를 뜻한다. 즉, 확인되지 않은 비행 물체들은 (가령 빠르게 지나가는 새라던가) 모두 UFO이지만 사람들은 일반적으로 비행접시를 생각한다.

통계에 따르면 무엇인지 설명 불가능한 UFO는 고작 2퍼센트에 불과하다. 98퍼센트의 확인되지 않은 비행 물체는 설명이 가능하다는 뜻이다. 새나 구름, 인공위성이나 번개까지, 비행접시로 의심받는 것들은 꽤나 다양하고 많다. 하늘을 수놓은 빛들의 대부분은 평범하고 일반적이다. 말이 나온 김에 밤하늘의 빛을 구분하는 법을 공개한다.

밤하늘 천체 구별하는 법

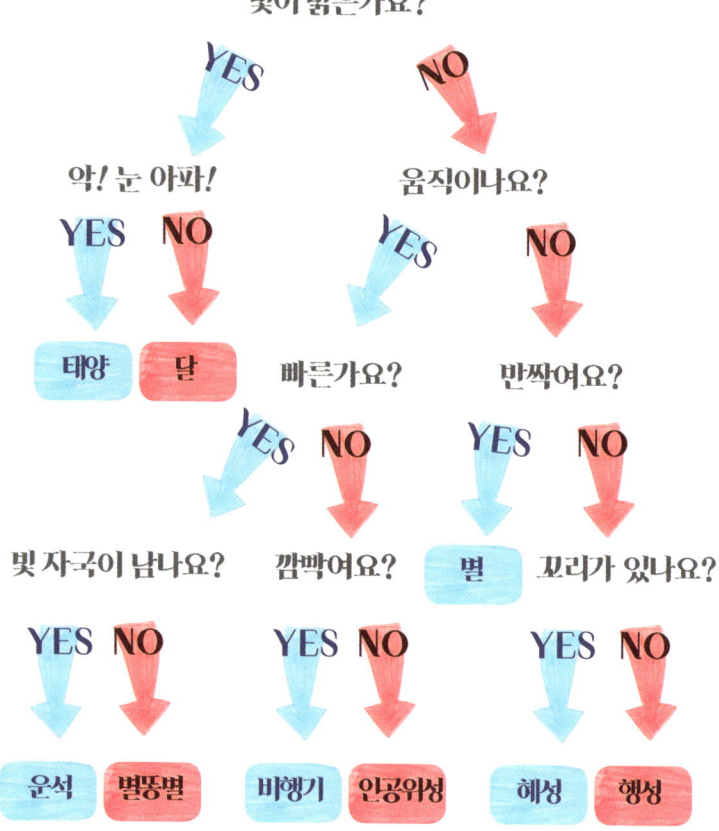

빛나고 움직이는 것들을 볼 때 아이들은 환호한다. 상상력을 자극하기 때문이다. 그 순간 아이들은 커다란 눈과 더듬이가 달린 외계인을 떠올린다. 그리고 이따금 확신한다. 그것이 실존한다고. 우주는 이렇게 포장된 선물을 뜯기 전처럼 상상하는 순간이 더 환상적일 때가 있다.

그래서 간단한 원리만 알면 밤하늘의 빛들을 구분할 수 있지만, 그 원리를 무작정 알려 주진 않는다. 하나의 지식보다 한 번의 상상이 더 가치 있을 수 있기 때문이다. 무럭무럭 피어나는 아이들의 상상력을 멋대로 재단하고 싶지 않아서, 아이들이 품은 신비로움에 재를 뿌리고 싶지 않아서다. 그래서 가끔은 '모르는 게 약'일 때가 있는가 보다.

2017년 4월 3일 그게 진짜 가능한 일이냐?

오래간만에 친한 친구에게 전화가 왔다. 감수성은 특출나지만 과학엔 문외한인 친구였다. 요즘 일은 할 만하냐고 물어서 "별빛 아래 사는 일이야." 하고 일부러 느끼하게 말했더니, "오… 재수 없어…." 라는 말이 돌아왔다. 친구는 계속 말을 이었다.

"다른 게 아니라 궁금한 게 있어서."
"뭔데?"
"내가 요즘에 우주 영화에 빠져 있는데…."
"그런 건 SF 영화라고 하는 거야."

"재수 없어…. 아니 그게 아니라, 진짜 그게 가능한 일이냐?"
"뭐가."
"그거 그, 그, 〈인터스텔라〉에서 막 시간이 다르게 가는 거랑 〈마션〉에서 막 사람이 화성에 가고, 로켓 뚜껑 빼고 올라가고 그거!"
"진짜 설명해? 해도 이해 못할 텐데?"
"재수 없어…."

친구는 요즘 과학 영화에 빠져 있다고 했다. 〈인터스텔라〉, 〈마션〉, 〈그래비티〉 등 찬란한 우주의 모습을 표현한 영화들이었다. 그런데 영화 속에서 그려지는 과학의 모습이 무척 비현실적이다. 어느 행성에서의 한 시간이 지구에선 7년이 되는가 하면, 로켓이 무겁다며 뚜껑 없이 우주로 질주하기도 한다. 비(非)직관과의 괴리는 영화의 몰입을 방해한다.

나는 친구에게 모두 가능한 일이라고 설명했다. 과학적 고증을 통해 쓰인 이야기라고 말해 주니 전화기 너머로 "세상에…" 하는 소리가 들렸다. 그러고는 고맙다며 "역시 별이랑 사는 사람은 달라."라고 말하는 게 아닌가.

별이랑 사는 사람, 참 고마운 표현이다. 이 말을 오래 기억하고 싶어서 글을 남긴다. 그것과 별개로, 오늘은 너무 추우니 별을 보지 말까 하고 고민한 건 민망하다.

3

아이들의 음을 배우기 위해 다시 책상에 앉다

🐦 질문하지 마

처음에는 '그냥 하다 보면 어떻게든 되겠지.'라고 생각했다. 천문학을 전공했는데, 초등학생에게 우주를 가르치는 일이 뭐가 어려울까 싶었다. 하지만 대학에서 배운 프로 천문학과 아이들을 대상으로 하는 아마추어 천문학은 하늘과 땅 차이었다. 물리와 수학의 식들로 받아들인 지식은 아이들에게 전해질 수 없었다. 각진 지식들은 다듬어지고 둥글어져야 의미가 있었다. 아이들의 언어로 설명할 줄 알아야 했다. 결국 '공부'가 필요했다.

별자리를 알아야 했고, 언제 어디에서 행성과 달이 뜨고 지는지도 알아야 했다. 엉뚱하고 뜬금없는 질문에도 자연스럽게 답을 떠올려야 했다.

밤하늘과 30년을 같이한 어느 강사는 뚱딴지같은 질문 하나에도 지금의 밤하늘과 어떻게 관련지어 설명할지, 어느 부분에서 재미를 주어야 할지 가늠하는 데 1초면 충분하다고 했다. 처음엔 웃어넘겼지만 아이들과 만나다 보니 그 말은 절대로 과장이 아니었다. 강사란, 그래야 살아남을 수 있는 직업이었다.

오후 3시부터 12시까지 아홉 시간을 일한다고 했을 때, 수업하는 시간은 평균 세 시간 정도이다. 나머지 여섯 시간은 수업을 준비하는 시간이다. 수업하는 시간보다 수업을 준비하는 시간이 오히려 길다. 그렇지만 갓 대학을 졸업한 내게 쌓인 시간의 총량은 얼마 되지 않았다.

시간이 충분히 흐르기 전까지는 대학 때 배운 지식으로 버텨야 했다. 하지만 나는 별보다 물리, 수학 문제를 더 많이 본 인간이었다. 얕은 지식은 가뭄이 난 강바닥처럼 메말라 있었다. 질문을 받고

'어떻게 설명해야 아이들이 이해할 수 있을까?'를 고민하는 사이 아이들의 흥미는 곧 사라져 버렸다. 얼마간은 어려운 대로 답을 했지만 그럴 때면 송곳 같은 원성이 날아왔다. "선생님 쉬는 시간은 언제예요?" 라는 원성이 콕콕 양심을 찔렀다.

한번은 6학년 아이에게 "상대성 이론을 어떻게 증명했어요?"라는 질문을 받은 적이 있었다. 나는 속으로 '아니, 그런 질문을?' 하고 반가워하며 수학적으로 증명하기 시작했다.

속도 공식을 통한 간단한 증명이었지만, 아이의 눈에 당혹감이 스쳤다. '괜히 물어봤다.' 싶은 후회와 '왜 그런 걸 물은 거야.' 하는 주위 아이들의 무언의 야유가 강의실을 휘감았다. 안 되겠다 싶어 "너희들에겐 조금 어려우니까 다음번에 알려 줄게." 하고 상황을 무마했지만 때는 이미 늦었다. 교실에는 무거운 정적이 깔렸다.

쉬는 시간이 되어 교실을 나서는데 "야, 이제 질문하지 마." 하는 소리가 뒤통수에 꽂혔다. 아까 질문한 친구를 다그치는 말이었다. 미안함과 자책감이 가슴에 몰아쳤다. 이런 일을 겪을 수도 있지, 애써 담담한 척하려 했지만 쉽사리 잊히지 않았다. 그날 밤 꿈에 열두 명의 아이가 합창하듯 말했다. "질문하지 마, 질문하지 마, 절대 질문하지 마."

그래서 나는 책상에 앉았다. 나를 위해서도, 아이들을 위해서도 우선 '공부'가 필요했다. 그때 나는 '천문학을 전공했는데, 아이들을 가르치는 것쯤이야 식은 죽 먹기지.' 하는 가벼운 태도를 가지고 있었던 것 같다. 하지만 모든 길에는 저마다의 음이 있다. 그 음을 익히지 않으면 쉽게 불협화음이 나서 들어 줄 수 없는 지경이 되고 만다.

전년도까지 물리 문제를 풀던 책상에 앉아 이제는 비전문가를 대상으로 한 천문학 서적을 읽기 시작했다. 그간 교수님이 쥐고 있던 평가의 칼자루는 이제 아이들의 손으로 넘어갔다.

모든 지식을 물리와 수학이 아니라 말과 그림으로 이해하려고 노력했다. 그리스 로마 신화를 글과 만화 양방향으로 섭렵하고, 신들의 가계보를 그려 보기도 했다. 즐겁게 설명하려고 마임을 배우는가 하면 〈개그콘서트〉 대본을 구해 '어떻게 웃기는가'를 고민했다. 더듬더듬, 아기가 손을 어딘가에 딛고 일어서는 것과 같았다. 몸을 의지하던 손을 떼는 일은 쉽지 않았다. '별자리는 대학 때 안 배웠는데?'라는 생각이 핑계가 될 리 없었다. 어려운 지식에 기대어 자만하고 자신했던 마음이 어린아이들 눈높이에 맞추어 깨어지고 있었다.

새로운 음을 익히는 일은 즐겁다. 여러 음이 적당히 하모니를 이루어 간다. 그것은 아이들 질문의 답이기도 하고, 즐거움이기도 하고, 우주이기도 하다. 화음들을 이어 하나의 노래가 되고 나면 강사로서 그 나름의 화성을 떼었다고 할 수 있을 것이다.

단순히 지식을 외우고 재미를 계산하는 데서 나아가 '아이들'에 대해 상상하게 된다. 아이들은 어느 색깔의 별을 품는지, 얼마나 거대한 우주를 품는지 등을 머릿속으로 그려 보는 것이다. 생존을 위한 공부는 그러한 사유로도 깊어진다. 그렇게 쌓은 삶의 화음은 강사로 살아갈 주체와 감각으로 남으리라 믿는다.

나는 애플리케이션보다 나은가

핸드폰에 '별자리' 애플리케이션을 설치했다. 애플리케이션을 실행해 하늘을 향하면 그곳에 있는 별자리 정보와 그 별자리의 모습이 나타난다. 별자리 설명서인 것이다. 나는 그 설명서가 필요했다.

천문학과를 졸업한 사람들도 별자리 지식이 별로 없다. 나도 별반 다르지 않다. 천문학과는 별자리를 공부할 일이 거의 없기 때문이다. 그래서 성도(별자리 지도)와 핸드폰을 손에 쥐고 밤하늘 아래에 섰다. 공부를 시작한 것이다.

핸드폰 화면의 별들을 터치하니 놀랄 만큼 다양한 정보가 쏟아졌다. 얼마나 멀리 떨어진 별인지, 온도는 어떤지, 주변에 다른 별이 있는지, 어떤 성분으로 이루어졌는지와 같은 정보를 얻을 수 있다. 그뿐만 아니라 다양한 사진과 그래픽도 많았다. 나는 그 천 원짜리 애플리케이션을 보며 '내가 이것보다 나은가'를 고민했다. 별자리에 관한 한, 아무리 따져 봐도 더 나을 게 없었다.

실제로 천문학 교육에는 다양한 프로그램이 사용된다. 〈어린이 천문대〉의 경우 100만 원에 달하는 소프트웨어 프로그램을 구매해 사용한다. 별들의 움직임은 물론이고 수천 년에 이르는 미래와 과거의 하늘도 볼 수 있다. 밤하늘에 떠다니는 인공위성을 추적하고 원하는 행성이나 우주 저 멀리를 여행 할 수도 있다. 가상 현실(VR)을 이용해 현실보다 더 현실 같은 체험을 하는 시대다. 이 시대의 '경험'은 직접 경험만을 의미하지 않는다.

점점 세상이 변하고 있다. 집 전화기가 사라지고 배달 음식도 애플리케이션으로 주문한다. 단돈 5만 원을 주고 산 인공 지능 스피커를 향해 "내가 좋아하는 노래 틀어줘. 그리고 에어컨도 켜줘."라고 말하면 스피커에서 내가 즐겨 듣는 노래가 흘러나오고 거실의 에어컨이 작동된다. 핸드폰에 대고 이야기하면 어느 언어로든 즉시 통역된다. 4차 산업혁명이라고 불리는 거대한 흐름 앞에서 나는 별자리 어플과 마주보았다. 자연스레 눈을 아래로 내리깔 수밖에 없었다.

작가 김영하는 이렇게 말했다. "인간의 힘은 스토리텔링에 있어요. 단순히 정보를 전달하는 것은 그리 대단한 일이 아니에요. 얼마나 즐겁게 이야기를 전달하느냐가 인간이 가진 힘이죠." 나는 그의 이야기를 들으며 세차게 고개를 끄덕였다. 천문대를 찾는 이들은 단순히 '정보'를 얻기 위해서 오지 않는다. 무언가를 배우기 위해서이긴 하지만 그것이 단편적인 정보와 지식은 아닐 것이다. 만약 그렇다면 적당한 책 한 권을 건네주면 될 일이다.

밤하늘을 수놓은 많은 별자리와 별들은 저마다의 이야기를 품고 있다. 직관적으로 이해되기보다 설명이 필요한 지식이 대부분이다. 이를테면 야구와 같다. 야구를 처음 본 사람은 야구에 썩 재미를 느끼지 못한다. 룰이 생각보다 복잡하기 때문이다. 공을 던지고 치면 되는 줄 알았는데 보크니 파울이니 룰이 다양하다. 대여섯 가지의 변화구를 던지는 투수가 있는가 하면 직구만 던지는 투수도 있다. 무언가를 깊게 즐기려면 알아야 하는 것이 꽤 많다.

천문학 강사의 역할은 처음 야구장을 찾은 사람에게 설명하는 것과 같다. 세 번 스트라이크가 되면 아웃된다는 간단한 사실부터 "저 타자는 발이 아주 빨라. 작년엔 도루를 제일 많이 했던 타자지. 그래서 상대편은 도루를 허용하지 않으려고 조심스럽게 경기를 운영하고 있어."와 같은 선수 특성까지도 모두 전달할 줄 알아야 한다. 그래야 비로소 재미와 관심을 얻어낼 수 있다. 누군가에게 밤하늘을 전달할 때는 그런 방식이어야 한다는 사실을 조금 늦게 깨달았다. 많은 사람들의 예상과 다르게 지식보다는 이야기가 중요했다. 딱딱한 지식 몇 알은 아이들에게 받아들여지지 않고 그대로 튕겨져 나왔다. 아무리 흥미로운 분야라도 부드러운 이야기를 몇 가지 골라 알맞게 선물해야 했다.

방대한 지식을 축적하는 길에서 나는 방향을 몰랐다. 백과사전을 흡수했고, 별 이름을 외웠다. 딱딱한 지식 알갱이들을 흡수하며 그것이 '진정으로 우주를 아는 길'이라고 자부했었다. 다시 화면 속 애플리케이션을 바라보았다. 1000원짜리 앱에서 얻은 지식이 4000만 원을 투자하고 얻은 지식보다 훨씬 방대했을 때, 허탈함과 속상함이 동시에 찾아왔다. 나의 방향은 인공 지능과 지식 대결이 아님을 떠올리며, 핸드폰을 내려놓았다.

2016년 8월 6일 블랙홀을 어떻게 찾아요?

"선생님, 블랙홀은 눈에 안보이잖아요. 우주도 깜깜하고요. 그런데 블랙홀을 어떻게 찾아요?"

아주 논리적인 질문이었다. 나는 잠시 고민하다가 아이에게 뜬금없는 경험담을 털어놓았다. "선생님에겐 아주 친한 흑인 친구가 있었는데, 캄캄한 밤이면 그 친구가 잘 안 보이는 거야! 하지만 선생님은 언제나 그 친구를 알아볼 수 있었지. 왜냐하면…."

캄캄한 우주에서 블랙홀을 찾는 것과 캄캄한 밤중에 흑인 친구를 찾는 것은 아주 비슷하다. 둘 모두 어두운 곳에서 안 보이는 무언가를 찾는 일이니까. 아이는 '왜 갑자기 흑인을 찾는거지?' 싶다가도 이야기가 블랙홀로 연결되자 무릎을 탁 치며 좋아했다. 스토리는 저만의 힘을 지니고 있다.

질문하는 이의 순수한 눈동자를 보면 차마 '중력 렌즈 효과'를 알려줄 수 없다. 아니, 그러고 싶지 않다. 딱딱하게 내용을 전달하는 데 그친다면 백과사전과 다를 바 없다. 적어도 애플리케이션이나 백과사전과는 달라야 한다는 사명감이 가슴에 차올랐다.

이야기에는 흑인 친구도 등장하고, 때에 따라 독일인이나 중국인도 등장한다. 아이들은 편견 없이 이야기를 듣고 거부감 없이 우주의 원리를 이해한다. 나는 상상으로 우주를 유영하는 아이들을 보았다. 비로소 애플리케이션을 마주하고도 나는 눈을 아래로 내리깔지 않을 수 있었다.

4

운이 따라 주어야 하는 직업

별똥별의 추억

운이 아주 좋은 아저씨?

일 년에 대략 열흘 정도는 별똥별이 평소보다 많이 떨어진다. 별똥별(유성)은 비처럼 쏟아진다고 해서 '유성우'라고도 부르는데, 사실 그 정도로 별똥별을 많이 볼 수는 없다. 한 시간에 다섯 개를 목표로 보면 아주 적당한 정도다. 그러다 보니 별똥별을 꽤 높은 확률로 볼 수 있는, 일 년에 열 번뿐인 그날이 사람들의 흥미를 끄는 것은 당연한 일이다. 이날만큼은 소원을 빌기 위해 별똥별을 기다리는 사람들로 인산인해를 이룬다.

내가 일하는 천문대는 정규 수업을 제공하는 '교육형 천문대'이기에 일반인의 관람이나 방문을 받지 않는다. 그럼에도 뉴스에서 "내일은 별똥별이 한 시간에 백 개씩 떨어질 것으로 예상됩니다."라고 유성우 예보를 보도하면 천문대는 곧장 아수라장이 된다. 되거나 말거나 무조건 천문대로 모여드는 탓이다. 교육형 천문대가 잘 알려지지 않은 탓에, 그저 가도 되겠거니 하고 방문하는 사람들이 많다.

문 앞에 서서, 일반 관람객을 받지 않는다고 말해도 "네네, 알겠습니다." 하고는 불도저 못지않게 막무가내로 밀어붙인다. 간혹 "거참, 그냥 좀 들어갑시다! 별똥별 보여 주는 데 돈 드는 것도 아니고." 하며 역정을 내는 어르신도 있다. 그럴 때면 공익과 원칙 사이에서 길 잃은 사람처럼 갈팡질팡한다. 천문대를 개방해야 하는가, 원칙을 고수해야 하는가. 길지 않은 고뇌 후에 내리는 결론은 늘 같다. 가능하면 최대한 보여 주자!

그러한 경위로 천문대를 개방한 날 한 아저씨가 딸과 함께 천문대를 찾았다. 아홉 살쯤 되어 보이는 딸과 손을 꼭 잡고 있는 모습이 인상적이었다. "별이 참 예쁘네요."라는 말로 입을 연 아저씨는 종종 별을 봤지만 별똥별은 본 적이 없다고 했다. 참 운이 없었다며, "오늘은 운이 따라 줘야 할 텐데요." 하고 소원하듯 말했다.

아저씨는 내게 어디를 어떻게 봐야 하는지를 묻고는 모범생처럼 가르침을 따랐다. 15도 정도 고개를 들고 있으면 좋다는 말에 딸과 똑같이 15도가량 턱을 들고 있는 모습이 어찌나 귀엽던지. 미어캣과 꼭 닮았다.

그런데 10분쯤 지났을까, 갑자기 구름이 몰려오기 시작했다. 아직 별똥별을 하나도 보지 못한 때였다. 침대에 쏟아진 커피처럼, 구름이 하늘을 채웠다. 딸의 얼굴에도 먹구름이 드리웠다. "아빠, 이러다 별똥별 못 보겠어." 딸은 곧 울 것 같은 표정을 지었다. 아빠는 "구름 금방 없어질 거야. 너 아빠 운이 얼마나 좋은지 알지? 아빠 어제도 길에서 천 원짜리 주웠잖아."라며 설익은 위로를 건넸다. 그러나 딸의 표정은 여전히 떫은 감을 문 듯했다.

별똥별을 한 번도 본 적 없는 불운에서 돈을 주운 행운으로 이어지는 대화가 썩 자연스럽지는 않았지만, 나는 그저 가만히 부녀를 지켜볼 뿐이었다. 그들은 끝내 나아지지 않는 기상 상황에 원망을 퍼부었다. 차로 돌아가는 내내 아버지와 딸은 아버지가 불운한지 운이 좋은지에 대해 다투었다. 어떻게 결론이 났는지 궁금하지만 그들은 궁금증을 남긴 채로 그렇게 떠나갔다.

나는 내가 한 일도 아니면서 괜히 미안한 마음이 들었다. 별똥별이 떨어져 그들의 소원을 마법같이 이루어 주길 바랐다. 그것이 어렵다면 별똥별이 그은 빛 한 자락과 '우와' 하는 감탄 정도라도 선물하고 싶었다. 하지만 구름이 걷히고 내가 선물한 것이 한 줌의 실망임을 알았을 때 나는 아주 조금 서글펐다. 내가 어찌할 수 없는 일에 미안함을 느낄 때 무언가 복잡한 심정이 되었다. 별똥별을 보길 소원하는 많은 사람들을 빈 손, 아니 빈 눈으로 보내며 모두에게 아쉬움을 전했다. 내가 하는 이 일에는 정성은 물론 운도 중요하다는 걸 다시 한번 느꼈다. 그리고 혹시 정성이 커지면 하늘이 주는 운도 따라 커지지 않을까. 꼭 그랬으면 좋겠다고 생각하며, 천문대를 나서는 그들 차에 꾸벅 인사를 보냈다.

구름을 몰고 다니는 J 양

별 관측의 성공 여부를 결정짓는 기상 상황은 보통 구름이다. 구름이 끼면 우주의 별들은 자취를 감춘다. 별빛이 아무리 아름답고 신비롭다 해도 구름을 뚫을 만큼 강력하지는 못한 탓이다. 구름의 등장은 다이어트 중에 마주친 치킨만큼 치명적이다.

그런데 1년 전부터 구름은 부쩍 자주 내 인생에 끼어들었다. 중요한 날마다 자꾸 구름이 훼방을 놓았다. 은하수를 보러 함께 떠난 몽골에서는 이틀 내내 비를 맞았다. 월 강수일이 2일인 곳에서도 이틀간 폭우가 내린 것이다. 관측을 위해 한껏 짐을 싸서 떠난 워크숍 때도 별을 볼 수 없었고, 한 달에 한 번 여는 관측 행사까지 도대체가 제때 진행된 적이 없었다.

"오늘도 또 취소인가요?"라는 말은 예약자들에게 듣는 단골 멘트가 되었다. 이게 모두 다 구름! 구름! 구름 탓이다!

구름은 마치 언제 자신의 위용을 가장 잘 드러낼 수 있는지를 아는 것 같다. '오늘만은 제발 피해 줘라!' 했던 날만 골라서 쏙쏙 나타난다.

이따금 구름은 사라짐을 통해 자신의 영향력을 증명하기도 한다. 구름이 가득하다는 예보로 관측 프로그램을 취소하면, 거짓말처럼 도망가 버리는 것이다. 이럴 땐 분노보다 허탈함이 먼저 든다. 밤하늘은 역시 신의 영역인가 싶다. 그런데 오늘 구름을 몰고 온 범인이 밝혀졌다. 딱 세 가지의 증명으로 말이다. 범인은 J 양인데, 증거는 다음과 같다.

1. 몽골, 워크숍, 관측 행사 등 구름이 낀 날에는 모두 J 양이 참여했다.
2. J 양이 일정상 참여하지 못한 관측 행사는 여지없이 맑았다.
3. '구름 많음'으로 예보되었다가도, J 양이 관측 행사를 취소하면 거짓말처럼 구름이 사라졌다.

그랬다. 딱 세 가지였다! 1, 2번의 사례를 통해 약간의 의심은 품었지만 대수롭지 않았다. 너무나 다양한 가능성이 존재했다. 하지만 J 양이 관측 행사를 취소한 뒤 구름이 사라지는 기적을 세 번 연속 행하자 모두들 홍해를 가른 모세의 기적이 눈앞에 펼쳐진 것처럼 놀랐다. 그제야 모두 깨달았다.

'아! 구름을 부르는 범인은 J구나!' J 양은 자신의 범행을 인정했다. 모두 자기 탓이라며, 이제 천문대를 떠날 때가 되었다고 너스레를 떨었다. J 양은 "제가 그만두면 모두가 행복한 거죠…?"라고 물었고, 모두 말없이 고개를 끄덕였다. 그렇게 우리는 구름 예보로 관측이 취소된 날, 맑은 하늘 아래서 웃음을 터트렸다.

==2016년 6월 5일 제 와이프가 또 틀렸습니다.==

이런, 또 소나기다. 분명 기상 예보는 맑음이었다. 날씨 예보가 좋으니 프로그램을 예정대로 진행한다고 예약자들에게 문자도 보내둔 상황이었다. 그런데 어두워진 밤하늘엔 그 무엇도 보이지 않는다. 두터운 구름이 방패가 되어 별빛을 무자비하게 막고는, 화살 같은 빗줄기마저 쏘아 대고 있었다. 적군을 코앞에서 마주한 듯, 앞이 캄캄하다.

가끔 보면, 밤하늘은 인간의 영역 밖인 듯싶다. 도저히 예측할 수가 없다. 슈퍼컴퓨터로 지난 수백 년간의 날씨를 통계적으로 분석한 기상청도, 10년 경력의 베테랑 대장님도 이 순간엔 넋을 놓아버린다. 별을 보여 주는 일에는 '운'이 따라야 한다.

강의를 맡은 대장님이 사람들 앞에 섰다. 평소라면 소풍이라도 온 것처럼 시끌벅적하겠지만, 오늘은 다르다. 다들 입을 닫고는 원망 가득한 표정이다. 어떻게 해도 꺼지지 않을 산불 같은 화가 사람들 사이에 번진다.

무슨 말로 시작해야 강의를 무사히 마칠 수 있을까. 살얼음판 같은 분위기에 대장님이 조심스레 입을 열었다. 사람들의 정적 사이로 대장님의 말이 지난다.

> "제 와이프가 기상청 직원인데요,
> 오늘 또 틀렸습니다. 하, 부부 싸움 예약입니다."

진지한 사과와 함께 위트 있는 핑계를 곁들였다. 심지어, 사실이었다. 기상청에서 일하는 대장님의 부인이 이 대목에서 등장할 줄

이야.(참고로, 우 대장님 부부는 금슬이 매우 좋다.) 사람들이 조금씩 표정을 푼다. 10년 베테랑의 강의가 사람들의 입꼬리를 잡아끈다. 도저히 웃지 않을 수 없다.

슬그머니 올라가는 입꼬리 주변으로 너그러움이 흐른다. 별을 보려고 찾은 천문대에서, 비록 별을 보지 못했어도 밤하늘을 배우며 즐거움을 느낀다. 어느새 돌아보니 모두가 너털너털 웃음을 흘리고 있었다.

5

화성산 감자를 카트에 담는 날

2010년에 네덜란드의 민간 기업 '마스원(Mars one)'은 아래와 같은 공고를 냈다.

화성에 갈 사람을 모집합니다. (주의: 돌아올 수 없음)

사람들은 눈을 의심했다. 돌아올 수 없다니, 그럼 평생 그곳에서 산단 말인가. 맞다. 마스원 프로젝트가 제안한 '화성 탐사'는 화성으로 완전히 이주하는 것이 조건이었다. 심지어 신청하려면 소정의 신청비도 내야 했다. 이런 어처구니없는 제안이라니 기도 안 찬다. 그러나 얼마 후 마스원의 발표에 사람들은 다시 한번 눈을 비볐다. 신청자 수가 무려 20만 명을 넘었기 때문이다.

화성 기지 상상도 by mars-one

다시는 돌아오지 못할 편도 화성 탐사 프로젝트에 신청한 사람이 무려 20만이라니… 세종시 인구가 약 20만 명인 것을 감안하면 실로 어마어마한 수다. 2015년에 마스원은 신청자 중 100명을 선발했다. 이 중에서 24명을 탐사 대원으로 최종 선정할 계획이다. 발사

예정일은 2031년으로, 고작 13년 후다. 마스원뿐만이 아니다. 미국 항공우주국 나사(NASA)는 2030년까지 화성에 인류를 보낸다는 야심찬 계획을 진행 중이다. 이른바 '화성으로의 여행(Journey to Mars)' 프로젝트다. 2016년에 당시 대통령이었던 오바마가 직접 나서서 언급했으니 그 의지를 알 만하다. '아이언맨'의 실제 모델이자 민간 우주 기업 스페이스엑스(SpaceX)의 최고경영자 일론 머스크 역시 "2022년까지 인류를 화성에 보내겠다."라고 밝혔다. 사랑하는 사람을 두고 온 것처럼 모두가 화성에 가려고 안달이다. 화성 이주는 그만큼 가능성 있는 일이 되었다.

영화 <마션> 스틸 이미지

화성에 도시를 건설하거나 달에 기지를 세우는 것은 그야말로 꿈 같은 일이었다. 어린 시절 상상으로 그렸던 미래의 모습에나 등장하는 소망이었다. 그런데 그것이 실제로 이루어지고 있다. 적어도 수백 년은 걸릴 것으로 예상했던 일들이 이루어지기까지 이제 십 년도 채 남지 않았다니. 영화 <마션>의 감자를 먹어 볼 날이 얼마 남지 않았다. 언젠가 화성산 감자가 마트에서 판매되는 날이 오지 않을까. 이러한 성과를 거둔 데는 먼 미래를 상상하고 꿈꾸었던 과거의 사람들 공이 크다. 오늘의 영광은 당치 않은 것들을 꿈꾸고 그것을 이루기 위해 노력한 사람에게 돌아가야 한다. 허무맹랑한 상상은 과학에 절대적으로 중요하다. 가능하지 않으리라 생각했던 것들이 하나둘 가능해지고, 꿈꾸었던 것들이 이루어지는 세상에 살고 있으니 말이다. 그러므로 가끔은 생각해 볼 필요가 있다. 우리가 꿈꾸는 세상은 어떤 세상인가.

외계인이 있냐고?

1961년, 저명한 천문학자들이 모였다. 노벨상 수상자만 세 명에 칼 세이건을 비롯하여 다양한 연구 분야의 내로라하는 과학자들이 모여 나눈 이야기는 사뭇 새로웠다. '우리 은하에는 얼마나 많은 교신 가능한 지적 외계 생명체^(이하 외계인으로 통칭)가 존재하는가?' 그들은 우리 은하에 존재하는 외계인의 수를 가늠하고자 했다.

이들은 외계인의 존재 가능성을 계산할 수 있는 '드레이크 방정식'을 만들고 이틀 동안 치열하게 토론하여, 비록 정확한 답은 알 수 없지만, 유의미한 결과를 얻었다. 우리 은하 내에 존재하는 외계인의 수가 문명의 평균 수명과 비슷하다는 것이다. 예를 들어, 인간의 문명이 1만 년 동안 이어진다고 판단하면 외계의 문명 수도 1만 개 정도 된다. 문명의 수명을 비관적으로 보는 천문학자는 1000년, 낙관적으로 보는 천문학자는 5만 년 정도로 생각했다. 그럼 자연스럽게 예측되는 외계 문명의 수는 최소 1000개에서 최대 5만 개가 된다. 여기서 주목할 점은 두 가지다.

첫째, 천문학자들은 외계 문명의 존재를 '당연하게' 생각한다는 것.
둘째, 추정된 외계 문명의 수는 '우리 은하' 안의 수라는 것.(우리 은하: 태양이 속한 은하이며 우리 은하에는 태양과 같은 별이 약 3000억 개 더 존재한다)

그들이 열심히 구하려던 것은 '우리 은하' 안의 외계 문명 수였다. 우주에는 우리 은하와 같은 은하가 수천억 개 있다. 우리 은하 안의 문명 수를 우주 규모로 확대한다면, 우주에는 적어도 수백조 개의 외계 문명이 있다는 뜻이다.

JPL-Caltech 전파망원경 ⓒNASA

2015년, 러시아의 억만장자 유리 밀너는 외계 문명을 찾는 데 1억 달러(한화로 약 1200억 원)를 기부했다. '페이스북(facebook)'의 최대 개인 투자자로 유명한 밀너가 천체물리학자 스티븐 호킹 박사와 손을 잡은 것이다. 그 덕분에 이제까지보다 10배나 더 넓은 우주 영역을 탐색할 수 있게 되었다. 외계 생명체를 찾는 데 앞장서 온 세티(SETI, Search for Extra-Terrestrial Intelligence) 연구진은 "20년 안에 외계 신호가 발견될 가능성은 100퍼센트"라며 포부를 밝혔다. 우리는 조만간 새로운 우주적 관점을 만나게 될지도 모른다.

별을 보며 이야기를 나누면 호감도가 15퍼센트 이상 상승한다는 통계 자료가 있다. 깊이 생각해 봐야 하는 넓은 주제는 늘 서로를 가깝게 한다. 무한한 가능성의 우주를 함께 떠올리는 것이 주는 특별함이다. 아이들에게 우주를 알려주려는 이유도 여기에 있다. 눈 아래 문제집에서 밤하늘 우주로 생각의 범위를 넓히는 순간, 아이들의 시야는 그만큼 넓어질 테니까. 측정할 수 없는 무한한 가능성을 지닌 아이들에게 호킹은 이렇게 말한다.

> "무한한 우주에는 틀림없이 다른 지적 생명체가 있다.
> 이것은 가장 중요한 명제이며
> 이제 이에 대한 답을 찾을 때가 됐다."

2016년 9월 19일 만지지 말아줘

아이들과 수업을 하다 보면 이런저런 일을 다 겪는다. 쪽지를 가져와 사랑 고백을 하는 아이도 있었고, 자기 아빠가 네이버에서 검색하면 나오는 인물이라며 자랑하는 아이도 있었다. 한 달 동안에만 300여 명의 아이들과 만나니, 그럴 법도 하다. 말썽인 아이를 만나면 처음엔 불안했는데 요즘은 '나도 그랬지.' 싶어 괜히 더 정이 간다. 크게 모난 데는 없었지만, 잘난 척 대마왕이어서 열에 일곱은 나를 '재수탱이'로 꼽던 시절이 있었다.

그때 나의 선생님들이 준 사랑을 떠올려 보니, 적어도 받은 만큼은 돌려주어야겠다는 마음이 들었다. 스승의 은혜를 이제야 느낀다.

말썽의 종류는 생각보다 다양하다. 가만히 앉아 있지를 못하는 아이가 있는가 하면, 10분도 넘게 자기 이야기를 해야만 수업을 듣겠다는 아이도 있다. 무엇이든 '혼자' 하고 싶어 하는 아이와 무엇이든 '엄마'와 함께하고 싶어 하는 아이가 한 팀을 이루기도 한다.

그중에도 참을 수 없는, 아니 피해야 하는 말썽이 있다면, 끊임없이 나를 더듬는 행위다. 아이들이야 친근함을 표현하려 안기고 만지고 한다지만 요즘 세상이 어디 그런 세상인가. 그대로 다 받아 주다간 싸늘한 눈초리를 받게 될지도 모른다.

꼬꼬마 같은 초등생들의 사랑의 손길을 완곡히 거절하기란 하늘의 별 따기다. 순수한 아이의 행동에 꼬리표를 붙여 거부하는 순간 아이의 마음에 상처를 줄 수 있기 때문이다. 그럴 때면 하얀 거짓말을 이용하곤 한다. 기분 나쁘지 않도록, 아이의 순수한 마음에 금이 가지 않도록.

"선생님은 피부가 약해서 옷을 입고 벗을 때도 상처가 난단다. 그러니 제발 만지지 말아줘…."

졸지에 병약한 환자가 되지만, 아이들의 마음만 지킬 수 있다면 그깟 병자, 하지 뭐.

6

질문하는 아이들

호기심 나무 아이들

얼마 전 한 칼럼니스트가 "나이가 들수록 시간이 빠르게 가는 것은 궁금증이 사라지기 때문입니다." 하고 자신의 의견을 말했다. 더 이상 새롭고 신기할 게 없는 사람들에겐 시간이라는 열차가 정차하지 않고 지나가기 때문이다.

그러한 관점으로 보자면, 아이들의 시계는 매우 자주 멈춘다. 매 역에 정차하는 것도 모자라 중간중간 더 쉬었다 가는 것 같다. 그만큼 많은 것을 궁금해한다. 주렁주렁 열리는 포도처럼 한 가지에 수십 가지의 질문이 동글동글하게 열린다. 특히 눈에 보이지 않는, 혹은 경험해 본 적 없는 우주를 상상할 때는 더욱 그렇다. 아이들이 가진 엉뚱함은 언제나 상상 이상이다.

> 학생   쌤, 닭이 지구에서 태양까지 날아가면 얼마나 걸려요?
> 쪼쪼쌤 걸어서 5000년 정도 걸리고, 차로는 170년 정도 걸리니까 빠른 새면 500년이면 가겠는걸?
> 학생   태양까지 가는 도중에 바비큐가 되지 않을까요? 까르르!
>
> 국제 우주 정거장에 대해서 언급할 땐,
> 학생   쌤, 국제 우주 정거장에서 싼 똥이 지구에 떨어져 별똥별이 된다고 했잖아요.
> 쪼쪼쌤 응 그렇지~ 밤하늘의 별똥별 중 어떤 건 우주인의 똥일지도 몰라!
> 학생   그럼 밤하늘에서 똥 냄새가 내려오나요? 까르르르!

궁금해서 묻는 질문인지, 웃기기 위한 질문인지 알 수가 없다. 아이들의 웃음은 나에게서 나오기도 하지만, 아이들 스스로 만들어 내기도 한다. 아이들은 서로 상상력을 공유하며 각자의 기발함을 웃음으로 바꾼다. 발랄한 상상력을 지닌 생명체의 질문은 늘 재밌다.

나도 그저 그런 '어른'이 되어 버린 건 아닐까?

그런 아이들의 발랄함이 좋았다. 수업 중에 자유롭게 이야기하고 질문할 수 있는 분위기도 좋았고, 작게 피어난 궁금증이 소중한 지식으로 변해 가는 과정도 무척 즐거웠다. 내가 만드는 수업은 그 어떤 수업보다 즐겁고 열려 있길 원했다. 하지만 3년이 지나고 생각했다. "미래를 확신하지 마라"고 말했던 롱펠로가 옳았다고. 아이들과 함께하는 시간이 많아질수록, 수업 중 나의 영향력도 커져 갔다. 내가 준비한 스토리를 꼭 전달하고 싶었고, 흐름을 끊는 아이들의 '장난기 짙은 질문'이 거슬리기 시작했다. 내가 하고 싶은 이야기를 다 끝내지 못하면 완벽하지 않은 수업인 것만 같았다.

수업을 지키기 위해 꺼내 든 칼은 '무시'였다. 필요한 질문은 당연히 환영이었지만 "쌤, 달에 사는 외계인이 블랙홀을 만들면 어떡해요?"와 같은 질문은 들은 체하지 않았다. 영양가 없는 질문에 수업 시간을 할애하면 다른 아이들에게 '피해'를 주는 거라고 생각했기 때문이다. 그래서 못 들은 척하고 내가 하고 싶은 이야기만 이어 갔다. 자신의 질문이 무시당하자 아이들은 여러 번 소리치기 일쑤였다.

"쌤! 왜 대답 안 해 주세요? 안 들려요?"

그러면 내 답은 뻔하다.

"너 수업 시간에 장난치려고 여기에 왔어? 정 궁금하면 이따가 쉬는 시간에 다시 물어봐!"

하지만 쉬는 시간에 다시 물으러 오는 아이는 없었다. 아마 기억하지 못해서일지도 모른다. 엉뚱한 질문은 쉽게 흩어지니까. 난 점점 '나만의 수업'을 해 갔다. 그렇게 열린 수업은 조금씩 닫혀 갔다.

그러던 중 랜들 먼로의 《위험한 과학책》을 읽게 되었다. 먼로는 이 책에서 이제껏 누구도 대답해 주지 않았던 질문에 답을 해준다. 그것도 아주 엉뚱하고 장난스러운 질문들만 모아서 '과학적으로' 증명해 준다. '이런 것도 대답해 줄까?' 싶은 질문들만 모아 놓았다. 이를테면 다음과 같은 것들이다.

"하늘에서 떨어지는 스테이크가 마찰열로 완전히 익으려면 어느 정도 높이에서 떨어져야 하나요?"

"영원히 죽지 않는 두 사람이 지구 어딘가에서 서로를 찾아 걸어 다니면 언제쯤 만날까요?"

얼마나 기상천외하고 쓸데없는 궁금증인가. 그런데도 먼로는 질문 하나당 10쪽 가까이 할애하여 아주 정성스럽게 풀어낸다. 가끔은 질문한 사람이 당황할 정도로 깊게 파고들기도 한다. 마치 '세상에 쓸모 없는 질문은 없다'는 듯이. 그의 답이 이어지면 장난기는 하나하나 고급 지식으로 변해 간다. 이 책은 베스트셀러가 될 만큼 많은 사람들의 사랑을 받았다.

부끄러움이 차올랐다. 먼로가 질문을 하나하나 풀어 갈수록 나는 민망함에 고개를 들 수 없었다. 중학교 1학년 때 네이버 지식인에 올라온 천문학 관련 질문에 '전문가' 행세를 하며 얼토당토않은 답변을 했을 때보다 더 부끄러웠다. 내가 뭐라고 아이들의 질문을 멋대로 판단했을까. 대체 나는 나에게 없는 아이들의 엉뚱함을 무슨 잣대를 대어 평가했을까. 세기의 천재 아인슈타인이나 '발명왕' 에디슨이 어린 시절 저지른 엉뚱한 사건들이 생각났다. 이들의 과거는 나에게 부끄러움을 한 줌 더 얹었다. 아무리 수업을 위해서였다 하더라도 아이들의 입을 닫게 한 나의 방식은 옳지 않았다.

창의력과 엉뚱함은 한 끗 차이다. '같다'고 봐도 무방할지 모른다. 늘 푸른 아이들에게, 늘 열려 있는 선생님이 되고 싶었는데 어느 순간 스스로를 상자에 구겨 넣었다. 아이들의 엉뚱함이 '장난'으로 보이는 순간, 나도 그들이 답답하게 여기는 그저 그런 어른이 되어 버린 것은 아닌지 걱정했다. 그 부끄러움의 자각은 여전히 남아 이따금 내 옆구리를 찌른다. '네가 뭔데?'

쉽지 않지만 꾸준히 노력 중이며 무겁게 반성 중이다. 아이들의 창의성을 모른 체하지 않겠노라고, 내겐 없는 아이들의 기발함을 굳어 버린 어른의 마음으로 재단하지 않겠노라고.

가장 많이 하는 질문 다양한 질문이 장대비처럼 쏟아지지만 자주 하는 질문은 정해져 있다. 의외로 그 질문들은 '별'과 관련이 적다. 아이들의 질문 베스트3를 알아 보자.

1. 망원경 얼마예요?

아이들에게 망원경은 신비한 물건이다. 분명 눈으로 봤을 때는 별이 하난데 망원경으로 보면 두 별이 사이 좋게 붙어 있는가 하면,

아무것도 안 보이는 맨 하늘을 망원경으로 보자 수많은 별들이 펼쳐지기도 한다. 수십만 개의 별이 뭉쳐 있는 구상 성단이나 별들이 태어나는 가스 덩어리(성운)도 보인다. 렌즈에 눈을 대기 전까지 망원경은 마치 선물 상자와 같다. 무엇이 튀어나올지 짐작하기 어렵기 때문이다. 게다가 자신의 몸보다 커다란 망원경의 크기는 더욱 아이들의 궁금증을 불러일으킨다. 도대체 저 거대하고 뚱뚱한 망원경은 얼마인가.

망원경은 크기와 종류에 따라 가격이 천차만별이기에 일률적으로 말하긴 어렵다. 천문대에서 사용하는 망원경의 경우에는 수백만 원, 아니 수천만 원을 훌쩍 넘어가기도 한다. 그뿐만 아니라 대형 망원경은 돔 시설이 필수적이다. 주변의 빛을 막기 위해 천장에 구멍을 뚫고 돔 형태의 인공 천장을 만들어 천장이 돌아가게 하는 시설이다. 그래서 망원경은 그 자체로 가격을 매길 수 없다. 뭐 그래도 묻는 아이들에겐 "쌤 전 재산보다 비싸!" 하고 말지만.

2. 오늘 밖에 나가요?(구름이 가득한 날)

무시무시한 망원경의 성능이 위력적으로 느껴졌는지 아이들은 곧잘 물어본다. "선생님, 오늘은 뭐 볼 거예요?", "오늘은 구름이 많아서 별이 안 보여.", "네? 망원경으로 보면 되잖아요!" 눈으로 보이지 않는 별도 척척 찾아내는 망원경이니 쉽게 오해할 수 있다. 하지만 안타깝게도 구름과 비에 가로막힌 별빛은 땅에 도달하지 못한다. 아이들의 그런 물음을 들을 때면 구름 낀 날에도 한 줌 희망을 품고 온 아이들에게 조금 미안한 마음이 든다. 정말 보였으면 좋겠다, 하고.

3. 레이저 빛은 어디까지 나가요?

뭐니 뭐니 해도 아이들에게 가장 흥미로운 물건은 별 지시기다. 초록빛 직선광을 발사하는 레이저 말이다. 문구점에서 쉽게 구할 수 있는 빨간 레이저 포인터와는 아무래도 차원이 다르다. 저 먼 산을 비추면 나무에 초록빛이 맺히고, 땅을 향해 쏘면 주변이 밝아지는 아주 강력한 레이저다. 하늘에 쏘면 끝없이 날아가 마치 별에 다다르는 것처럼 보인다. 그래서 별을 처음 보는 아이들은 별빛보다 레이저에 먼저 반응한다. "자 봐 봐! 이 별 보이지?" 하고 레이저를 쏘면 "우와!" 하고는 레이저에 감탄하는 것이다. "별을 봐, 별!" 하고 웃으며 잔소리를 몇 번이나 하게 된다.

워낙 진하고 강력해 보이는 빛 줄기지만 실제로 레이저 빛은 가까운 하늘까지만 다다른다. 수증기와 먼지에 가로막혀 대기권 밖으로 나갈 수 없다. 그럼에도 아이들은 레이저 빛이 별까지 이어진다고 생각한다. 무한히 뻗은 빛 줄기가 괜히 신비롭게 느껴진다. 그 빛을 타고 우주를 여행하는 아이들을 상상한다. 질문이란 가격에 관한 것이든, 성능에 관한 것이든, 상상에 관한 것이든 가치가 있는 것 같다.

2017년 3월 25일 아이가 물었다

학생 쌤, 세상에서 제일 큰 별은 뭐예요?
쪼쪼쌤 방패자리 UY 변광성이 제일 큰 별이야.
학생 음… 그럼 제일 밝은 별은요?
쪼쪼쌤 우리 눈에 제일 밝게 보이는 별은 태양이지!
학생 그럼 제일 무거운 별은요?

아이들은 '제일'을 좋아한다. 항상 '가장 ~한 것'이나 1등이 궁금한가 보다. 그것이 기성세대가 물려준 나쁜 습관인지 인간의 본성인지는 알 길이 없다. 어찌 되었건 '제일'인 것들은 아이들을 가르칠 때 꼭 알아 두어야 할 정보가 분명하다. 한번은 아이가 이런 질문을 해 왔다.

학생 쌤이 가장 좋아하는 별은 뭐예요?
쪼쪼쌤 음… 선생님은 베텔게우스 별이 제일 좋아.
학생 왜요?
쪼쪼쌤 그 별은 죽기 직전의 별인데, 아마 이제 곧 터져서 더 밝게 빛나게 될지도 몰라!
학생 그럼 저는 제일 잘 보이는 데 가서 그 별을 볼래요! 어디에서 보면 제일 잘 보여요?
쪼쪼쌤 그걸 몰라서 물어? 바로 여기지! 천문대!

'제일'은 일종의 선택이다. '제일'이 붙는 것은 제일 좋은 것이거나 제일 나쁜 것이기 때문에 자연스레 선택의 범위가 한정된다. 제일 '평범'하다는 말은 좀처럼 쓰질 않으니까. 하지만 애석하게도 우리네 삶에 '제일'이 들어가는 것은 몇 개 없다. 보통의 삶은 온통 '보통의 것'들로 채워져 있다.

별이나 우주도 마찬가지다. 제일 크고 제일 밝은 것은 있지만, 우리가 볼 수 있는 많은 아름다운 별들은 그저 평범한 별이다. 그 평범한 별들이 모여 밤하늘을 아름답고 찬란하게 만들어 낸다. 그래서인지 아이들이 '제일'을 물을 땐 성심성의껏 대답해 주지만 꼭 덧붙이는 말이 있다.

"드넓은 우주를 이루는 별들은 모두 평범하단다. 제일 밝은 별과 제일 어두운 별은 고작 한 개씩뿐이야. 하나의 별 대신 무수히 많은 평범한 별들을 눈여겨보는 순간, 우주는 더욱 거대하고 아름다워질 거야."

나는 진심으로 믿는다. 제일 밝은 별보다 평범한 별들의 찬란한 모임이 더욱 아름답다고. 그러므로 너희들은 제일 화려하지 않아도 아름답다고.

왜 천문대 수업은 한달에 한 번이에요?
하루에 한 번이면 좋겠어요!
한 달은 너무 길어요.

7
천문대는 학원인가

즐거움이 주는 차이

나도 누군가에게 문화다

"우리 아이들 별 좀 보여 주세요!"

초록잎이 노랗게 물들어 떨어지던 가을날이었다. 평소 친했던 도서관 선생님께 전화가 왔다. 간만의 통화에도 뭐가 그리 급한지 본론부터 쏟아 냈다.

"〈즐거운 지역 아동 센터〉라는 공부방인데, 문화적·교육적으로 소외된 아이들을 위한 곳이에요. 별을 너무 보고 싶어 하는데, 뭘 알아야 알려 주지. 나는 내 별자리도 잘 모르는데. 와서 아이들 별 좀 보여 줘요. 아참, 그동안 잘 지냈지요?"

안부 한 자락 없이 시작한 통화는 본론이 마무리되고서야 비로소 안부의 말로 이어졌다.

> 쪼쪼쌤　그런데 위치가 어디예요?
> 사서쌤　당진 2리요.
> 쪼쪼쌤　당진 2리요? 거기에 그런 데가 있어요?

하, 당진 2리라면 버스라곤 하루에 고작 다섯 대에, 걸어서 한참을 더 들어가야 하는 곳이 아닌가. 이른바 완전 '깡시골'. 도대체 그곳에서 어떤 문화적 혜택을 전달한다는 거지? 의문 반, 의심 반. 망원경 두 대를 차에 밀어 넣으며 말했다. "이번 주에 갈게요."

두 시간을 내달려 도착한 곳은 그야말로 '산속'이었다. 차가 한 대 씩밖에 못 지나가는 좁은 도로에, 불빛이라곤 찾아볼 수 없다. 이만하면 웬만한 천문대보다 지리적 조건이 좋다. 영화에서 보면, 이런 외진 곳을 홀로 가다 변을 당하던데, 괜히 몸이 움츠러든다.

이런 곳에서 접하는 문화적 혜택이란 다양성이나 깊이가 불 보듯 뻔하다. 도시인들에게 '문화적 혜택'이라 하면 공연이나 예술, 문학, 그 밖에 다양한 취미겠지만, 이 아이들에게는 이따금씩 찾아오는 '누군가'가 문화적 혜택이다. 사람이 문화고, 그 사람에게 묻어오는 콘텐츠가 혜택이다. 이 순간은 나도 누군가에게 문화다. 그런데 잠깐, 이렇게 별이 가득한 곳에서 자라는 아이들에게 별을 보여줄 필요가 있나? 별 아래 사는 아이들이 과연 나를 반길까?

별이 가득한 시골의 밤하늘 - 별자리를 찾기가 더 힘들다. ©andrew-jenkins

아는 만큼 보인다

누가 말했는지 몰라도, '아는 만큼 보인다'는 말은 밤하늘에서 진리에 가깝다. 밤하늘은 철저히 아는 만큼만 보인다. 캄캄한 시골에서도, 별빛이 홍수 같은 몽골에서도, 모르면 그 흔한 북두칠성조차 찾기 힘든 게 이 바닥이다. 그러니 별자리야 말해서 무엇하랴. 아무리 별이 가득한 곳에서 자라는 아이라해도 밤하늘엔 완전히 까막 눈이다. 낮 놓고도 모를 기억 자가 밤하늘에 가득하다. 아이들과의 만남은 그리 길지 않았다. 두 시간 남짓이었다. 한 시간 정도 별자리 이야기를 했고, 나머지 시간에는 함께 별을 봤다. 초록 레이저로 밤하늘을 그리면, 아이들은 저마다의 우주를 떠올렸다. 손톱만 한 렌즈에 펼쳐진 보석 같은 빛들엔 탄성으로 답했다. 아이들의 초롱초롱한 눈이 휘둥그레져 작아질 줄을 몰랐다. 오길 참 잘했다.

"카시오페이아자리가 정말로 'M' 자 모양이에요!"

"토성의 고리가 꼭 돼지 코같이 보여요!"

"쌤, 또 언제 올 거예요? 다음 달에도 오시면 안 돼요?"

아이들이 언제 다시 오냐고 물었다. 그것은 배움보단 놀이에 가까운 이야기였다. 누군가를 찾는 부름이, 누군가에게 쏟아지는 바람이 '그만'이 아니라 '다시'라는 건 축복과 같다.

아이들에게 부족한 건 오직 하나였다. 돈도, 꿈도 아닌 '선생님'. 겪어 본 적 없는 것들을 알려 줄 누군가. 무언가를 배우는 일이 공부가 아니라는 데 감사함을 느꼈다. 영화 한 편보다 짧은 그 시간이 지난 후, 아이들의 눈이 별빛보다 총총해졌다. 글을 모르던 아이가 글을 배워 처음 동화책을 읽은 듯 즐거워했다. 별 아래 살던 아이들에게 밤하늘을 알려 주자, 별은 아이들에게로 와 꽃이 되었다.

'묵찌빠'의 신

나는 확신한다. '이것'에 정통하기만 하면 수업을 즐겁게 할 수 있다고. 무언가에 정통하려면 10년을 투자해야 한다는 말이 있다. 꼭 10년까지는 아니더라도 전문가가 되려면 다분히 노력해야 한다는 뜻이다. 나에게도 정통한 분야가 있느냐고 물으면 당차게 이야기할 수 있다. 있다고. 그것이 무엇이냐 하면 4년을 공부한 천문학도, 반 평생을 해 온 별 관측도 아니다. 바로 '묵찌빠'다.

"묵찌빠를 잘하는 방법이 있나요?"라고 물으면 나는 자신 있게 말한다. 확실히 있다. 최근 3년간 묵찌빠를 해서 '실제로' 진 적은 단 한 번도 없다. 그러니까 다시 말해, 아이들과 묵지빠를 할 때 흥을 돋우기 위해서 또는 팀 간 대결에 연이어 패배한 조에 힘을 실어 주기 위해서 일부러 져준 경우를 제외하면 진 적이 없다는 말이다.

한번은 아이들 30명이 한 줄로 서서 묵찌빠 대결을 기다린 적도 있다. 5분이 채 안 되어 30명을 벼 베듯 베어 내자 아이들의 눈빛에선 존경심이 흘렀다. 다른 선생님과의 수업이 끝나고도 집에 가지 않고 나를 기다리는 아이들도 있다. 오로지 묵찌빠를 하기 위해서다. 아이들 세계에서 묵찌빠는 그 정도다. 밤 11시에도 한 판 붙기를 바라고, 1년을 내리 도전해도 이기지 못한다는 사실이 무척 신비롭다. 한 친구가 물었다. "선생님 천문대 졸업할 때 비법 알려 주시면 안 돼요?", "그럼, 알려 주고 말고.", "우와! 감사합니다!" 보통 대화는 이렇게 흘러간다. 묵찌빠 비법을 알고자 1년 과정의 수업을 듣고 빨리 졸업하기를 고대하지만, 이미 천문대에 재미를 붙인 아이들은 3년 과정을 밟기 마련이다.

이쯤 되면 아이도 고민에 빠진다. 천문대를 빨리 졸업해야 묵찌빠 비법을 전수받는데, 재미가 있으니 계속 다니고 싶은 마음이 들기때문이다. 사실 내 비법은 '오픈 소스'다. 아이들을 제외하고 다른 선생님이나 직원들이 물어보면 숨기지 않고 알려 준다. 그러나 제대로 해내는 사람은 없다. 묵찌빠에 정통하기 위해서는 수많은 연습이 필요한데 어떤 어른도 묵찌빠 연습에 자신의 시간을 투자하려고 하지 않기 때문이다. '묵찌빠'가 수업이나 아이들과의 관계에 좋은 영향을 준대도 말이다. 자신의 시간을 투자해서 얻고 싶을 만큼 묵찌빠가 매력적인 능력은 아닌가 보다. 아 진짜 좋은데…. 그래서 묵찌빠의 비법이 뭐냐고요? 졸업할 때 알려 드립니다. 도전자는 언제든 환영이고요.

저는 학원 다섯 개 다녀요!

 묵찌빠가 아니더라도 아이들과 함께하는 순간은 내게도 무척 즐거운 시간이다. 가끔 일찍 오는 아이들이 있으면 '무궁화 꽃이 피었습니다'를 함께하거나, 어린 시절에 즐겨 했던 놀이를 하며 어울린다. 그러다 보면 어린 시절 약속도 없이 하나둘 모인 골목길처럼 아이들이 몰려든다. 천문대 입장에서 보자면 '손님'이지만 내 입장에서는 '친구'가 찾아오는 것이다. 스무 살쯤(?) 어린 친구들과 놀다 보면 어느새 시간이 훌쩍 지난다. 어머니의 "들어와! 밥 먹어!"라고 외치는 어머니의 목소리가 들릴 것만 같다. 수업이 시작되는 7시가 되면 "자, 이제 수업하러 들어갈까?" 하고 말한다. 나 같으면 "아… 좀 더 놀아요 선생님!" 할 것 같은데, 아이들은 언제나 "오예, 들어가자!" 하며 신나게 등을 보인다. 나랑 노는 게 재미없었나 싶을 정도로 재빠른 움직임이다. 그런 가벼운 의심을 하고도 쉽게 멀어지는 아이들의 뒷모습은 언제나 내게 활력을 준다. 아이들이 천문학 수업을 즐겁게 생각한다는 반증일 테니까. 가끔은 아이들에게 묻는다.

> 쪼쪼쌤 너희는 학원을 몇 개나 다녀?
> 학생1 저는 네 개요.
> 학생2 저는 다섯 개요!

아이들의 입에서 나오는 숫자가 점차 늘어난다. 그러면 괜히 서로의 눈치를 살핀다. 입을 한번 앙다물고는, 경쟁하듯 개수를 늘린다.

> 학생3 저는 구몬 포함해서 여섯 개요!
> 학생4 저는 원어민 선생님이 집에 오시는 것까지 해서 일곱 개요!

아이들의 대답은 언제나 낯설다. 수십 번은 들은 대답인데도 여전히 이상하다. 매번 들을 때마다 그렇다. 아이들의 삶이 그토록 팍팍하다는 게 슬프고 안타깝다.

초등학생 때 우리는, 지금의 아이들과 비교하면 천치에 가까웠다. 골목에 모여 구슬 치기를 하고, 부메랑을 날렸다. 수업이 끝나면 곧장 운동장으로 향했고, 땀에 젖은 옷을 말리며 또다시 골목으로 향했다. "밥 먹게 들어와!" 하는 소리가 골목에 메아리 치듯 울릴 때까지, 우리는 언제나 밖에 있었다.

하지만 이 시대의 아이들에게는 그런 자유로움이 보이지 않는다. 빼곡한 스케줄에 맞추어 살고 사무직 회사원보다 더 긴 시간을 실내에서 보낸다.

밖으로 나올 수 없는 아이들은 무인도에 있는 것과 다르지 않다. 배가 끊긴 채 발을 동동 구르는 여행객과 같다.

> 쪼쪼쌤 그럼 천문대까지 하면 학원이 총 여덟 개인 거야?
> 학생   네? 천문대는 왜 쳐요? 천문대는 학원이 아니잖아요!
> 쪼쪼쌤 왜? 정기적으로 와서 별에 대해서 배우잖아. 여기도 학원일 수 있지.
> 학생   에이, 천문대는 재밌잖아요. 재밌으면 학원이 아니죠~

나는 아이들에게 천문대가 언제고 학원이 아니길 바란다. 늘 재미있고, 즐거운 곳으로 남기를 소망한다. 건물 밖으로 나와 하늘을 올려다보며 별빛을 쐬는 일이 청청한 가을날 시원한 강바람을 맞는 것처럼 해방감을 주기를 소원한다. 그 소원을 이루는 것은 역시나 나의 몫임을 떠올리며, 주어진 그 책임감을 다시 마음에 새겼다.

2017년 4월 23일 오디션 프로는 너무 떨려

오래간만에 TV를 켰는데, 오디션 프로그램이 방송되고 있었다. 안락한 소파에 몸을 기대고 잠깐 지켜봤을 뿐인데 금세 한 시간이 지났다. 호불호가 갈리기야 하겠지만, 난 오디션 프로그램을 매우 좋아하는 편이다. 가공되지 않은 보석들의 목소리를 듣는 것 외에도 아마추어가 주는 잔잔한 감동이 좋아서다.

경험이 일천한 어린 친구들이 최고의 가수들 앞에서 노래 부르는 것을 보고 있자면 괜히 내 다리가 떨리고 심장이 두근댄다. 얼마나 떨릴까? TV 바깥의 아무 상관도 없는 내가 참가자들만큼이나 부담감을 느낀다. 이건 감정 이입을 잘하는 걸까, 아니면 오지랖이 넓은 걸까. 벼랑 끝에 선 것 같은 부담감을 이기고 준비해 온 것을 선보이는 참가자들이 모두 극찬을 받으면 좋겠지만, 간혹 끔찍한 혹평을 받기도 한다. 아마추어로서 모든 것이 완벽할 수는 없겠지만, 그럼에도 안쓰러운 마음이 든다.

그중에서도 가장 안타까운 때는 실력 발휘를 제대로 못한 경우다. 극심한 스트레스탓에 목이 쉬어 버렸거나 원치 않게 장염과 같은 병에 걸렸을 때가 그렇다. 제 실력을 보여 주지 못한 것도 안타까운데, 곧바로 무심하고 날 선 평가가 참가자들에게 날아든다.

> "프로는 자기 관리가 생명입니다.
> 제 실력을 보여 주는 것도 실력이라는
> 사실을 알아 두세요! 탈락!"

그럴 때면 "그렇게 매정하게 말할 필요는 없잖아!" 하며 괜히 분개하곤 한다. 실망스러운 자기 모습에 누구보다 힘들어 할 참가자에게 동화된 탓이다. 그러다 문득 '내가 평가를 받게 된다면?' 하고 자문한 적이 있다. 물론 노래 말고, 아이들과 수업하는 나의 모습에 대해서.

아이들에게 두 시간씩 하루 두 번 별자리 수업을 하다 보니 나도 모르는 새에 목이 쉬어 버리곤 한다. 아이들이 보내는 함박웃음에 취해 더 크게 소리 내고 연기하다 보면 어느새 목소리는 돌이킬 수 없게 된다. 특히 바쁜 금요일, 토요일은 수업을 하고 나면 여지없이 걸걸한 임꺽정 목소리가 되어 버린다. 참 속상한 것이, 목이 쉬면 그 다음 수업은 재미와 생동감이 조금 떨어진다. 목소리에 힘이 실리지 않은 탓이다. 술을 먹거나 건강 관리를 잘못해서 그렇게 된 것이 아닌데도, 목소리를 빼앗긴 나는 괜시리 주눅이 든다. 마치 심사원들이 이런 평가를 할 것 같아서다.

"앗, 또 목소리가 쉬었군요?
프로는 자기 관리가 생명입니다. 탈락!"

02 밤하늘을 꿈으로 삼다

어쩌다 이곳으로

말머리성운 ⓒNASA

8

밥은 먹고살 수 있는 게냐?

부모님께서 주신 책 한 질

그거 하면, 밥은 먹고살 수 있는 게냐?

 조금 놀란 듯한 아버지가 말했다. "그거 하면, 밥은 먹고살 수 있는 게냐?" 두 무릎을 꿇어앉고 천문학자가 되고 싶다는 중학생 아들 말에 처음으로 뱉은 말이었다. 아버지의 질문에 무덤덤하게 답했다.

 "몰라요."

 사실이었다. 그저 밤하늘이 좋아서였지, 그 일이 얼마나 어려운지, 돈을 얼만큼 버는지 따위는 생각해 보지 않았다. 중학교 1학년의 서툰 꿈이었으니까.

 아버지의 "그래, 알았다."라는 말을 마지막으로 대화는 끝이 났다. 어떤 충고나 당부도 없었다. 다소곳이 계시던 어머니도 가만히 고개만 끄덕였다.

 두 분의 표정은 마치 9시 뉴스를 볼 때와 비슷했다. 고요했고, 조금은 불편해 보였다. 당찬 아들의 꿈 고백은 그렇게 허무하게 끝이 났다. 단 세 마디로. 내 얼굴에는 섭섭함이 돌았다.

 가만 생각해 보면 먼저 꿈을 이야기한 것은 처음이었다. "너는 커서 뭐가 되고 싶니?"라고 물을 때면 늘 "가수요." 혹은 "축구 선수요." 하고 답했다. 그러면 어른들은 "그래, 열심히 하면 꼭 그렇게 될 거다." 하고 공식처럼 말했다. 그런 약속 대련 같은 대화가 어린 시절 내내 이어졌다. 물론 가수나 축구 선수가 정말로 되고 싶었던 것은 아니다. 다만 그렇게 대답하는 것이 대화를 빨리 끝내는 지름길임은 알았다.

 그래서인지 무언가가 '진짜로' 되고 싶어졌을 때 부모님이 어떤 반응을 보일지 기대가 컸다. 처음으로 표현한 진심이니까. 하지만 미지근한 세 마디로 대화가 끝나자 나는 적잖이 실망했다. 나의 꿈이 부모님을 뿌듯하게 만들지 못한 것 같았다. 그날 이후 부모님과는 '천문학자'에 관해 다시 이야기하지 않았다. 아버지의 무덤덤함과 어머니의 침묵이 낯설어서였다.

일주일 뒤였다. 띵동, 혼자 있는 집에 초인종이 울렸다.

"누구세요?"

"택배입니다."

보통 택배는 부모님 직장으로 배달되었는데 그날은 집으로 왔다. 심지어 수취인이 내 이름으로 되어 있었다. 뭐지? 택배 아저씨가 쿵 하고 내려놓은 상자를 낑낑거리며 거실까지 끌고 왔다. 상자에는 '칼로 뜯지 마세요'라고 적힌 경고문이 붙어 있었다. 링링링, 짧은 손톱으로 겨우겨우 상자를 열고 있을 때 전화벨이 울렸다. 어머니였다.

"택배 왔지? 선물이야."

택배는 내게 온 게 맞았고, 그 안에는 정말로 선물이 들어 있었다. 아이작 아시모프의 《우주 이야기》 전집이었다.

부모님은 말 대신 책으로 아들의 꿈을 응원했다. 세상에서 가장 행복한 인정이었다. 책은 몇 달 동안 내 손을 떠난 적이 없었다. 고향 집 책장 한편에는 너덜너덜 해어진 전집이 여전히 꽂혀 있다. 그날의 추억을 머금은 채로.

그날 이후, 나는 줄곧 생각했다. 언젠가 내 아이가 무언가 되고 싶다고 말하는 순간이 온다면, 9시 뉴스를 볼 때의 표정으로 "그래, 알았다."라고 말하겠다고. 그러고는 가만히 책 한 질을 선물하겠노라고.

LA 하늘에서 발견된 이상한 구름

1994년, 미국 LA에서 대규모 정전 사태가 발생했다. 세상은 암흑과 두려움으로 가득 찼다. 그리고 그날 시민들은 이상한 광경을 목격했다. 난생처음 본 무언가가 머리 위에 나타난 것이다. 곧이어 911 신고 센터에 주민들의 신고 전화가 폭주하기 시작했다.

> "우리 집 위 하늘에
> 이상한 구름들이 떠 있어요."

경찰과 소방 당국은 곧바로 수사에 착수했다. 수사 결과는 충격적이었다. LA 주민들이 본 것은 별로 가득 메워진 은하수였다. LA 시민들은 어둠이 내린 그날, 난생처음으로 은하수를 보았다.

쪼쪼쌤 애들아, 너네 은하수가 뭔지 알아?

학생1 당연하죠. 견우와 직녀가 일은 안 하고 맨날 사랑만 해서 옥황상제가 둘 사이에 놓은 큰 강이잖아요!

쪼쪼쌤 우와, 잘 알고 있네! 그럼 혹시 은하수에 대한 그리스 로마 신화도 아니?

학생2 그럼요! 제우스가 헤라클레스에게 젖을 먹이려다 뿜어져 나온 헤라의 젖이잖아요. 그래서 이름도 우윳길, 밀키웨이라고요!

쪼쪼쌤 우와, 너희들 정말 많이 아는구나. 근데 혹시 실제로 본 적 있어?

학생1, 2 네? 은하수가 실제로도 있다고요?

여름철 은하수 ⓒ 판교어린이천문대 신용운

　내가 가르치는 보통의 아이들(주로 초등학생)은 밤하늘을 글로 먼저 배운다. 자신이 태어난 날의 별자리나 은하수에 관한 전설을 줄줄 꿰지만 실체는 모른다. 심지어 있는 줄도 모른다. 본 적이 없기 때문이다. 머리 위 실재하는 은하수를 두고도 책 속 이야기만을 담아낼 때 나는 안타까움이 든다. 밤하늘을 경험한 적 없는 아이들이 별을 좋아하기란 여간 쉽지 않다. 별빛 아래서 뛰어놀던 기성세대의 하루는 말 그대로 옛날 얘기가 되었다. 언젠가 수업 중에 한 아이가 "쌤은 왜 별을 좋아하게 됐어요?" 하고 물었다. 잠시 고민하다가, "왜 좋아하게 됐을 것 같아?"라고 되물었다. 그러자 아이는 "시골에서 살아서 그런 거 아니에요?"라며 웃었다. 그 순박한 질문에 "쌤이 그렇게 시골 사람처럼 생겼어?" 하고는 함께 웃었다.
　나는 시골 사람이 맞다. 지독히도 촌에서 자랐다. 초등학교, 중학교 땐 전교생이 50명도 채 되지 않았다. 까맣게 탄 얼굴을 하고서 까맣게 탄 고구마를 친구들과 함께 먹으며 추억을 나누었다. 당연히 우리들 위로는 별들이 흐드러져 있었다.

그렇지만 별에는 무관심했다. 바닷가에 사는 아이들이 오징어잡이 배를 보고 '우와!' 하고 감탄하지 않는 것처럼, 시골에 사는 나도 별을 보며 놀라지 않았다. 밤하늘의 별은 언제부터 있었는지 모를 냉장고 같은 존재였다. 늘 익숙하고 당연했다. 그러니 시골에 살아서 별을 좋아하게 된 게 아니냐는 아이의 말은 사실과 다르다. 무엇이든 좋아하려면 계기가 필요하다.

그 계기는 중학교 1학년 때였다. 학교에서 한 학기에 한 번 견학을 갔는데, 그날 우리를 실은 버스가 덜컹이며 도착한 곳은 다름 아닌 천문대였다. 경기도 여주에 위치한 〈세종 천문대〉. 입이 떡 벌어질 정도로 거대한 망원경과 플라네타륨(반구형 천장에 별자리나 행성 따위의 천체를 투영하는 장치)에 눈이 번쩍 뜨였다. 망원경과 내 키는 농구 골대와 농구공만큼이나 차이가 났다. 조금 있으니 등산복을 차려입은, 조금은 어수룩한 남자 강사님이 등장했다. 그러더니 "자, 여길 보세요!" 하고는 레이저를 허공에 쏘기 시작했다. 흡사 오케스트라의 지휘자처럼 별자리들을 초록빛 지휘봉으로 휘저었다.

"우와!!!" 모든 사람들의 입에서 월드컵 골 장면에서처럼 탄성이 터져 나왔다. 세상에, 광선검이 실재했다니. 그 초록 레이저를 따라 가다 보면 거짓말처럼 별자리들이 나타났다. 〈스타워즈〉의 광선검 보다 영롱한 그날의 불빛은 나를 그렇게 밤하늘로 끌어들였다. 그날 나는 난생처음 목성과 토성을 보았다.

우리는 누구나 무언가 '환상적'이라고 생각할 때 그것을 꿈으로 삼는다. 물론 어떤 것이 환상적인지는 개개인마다 다르다. 돈을 많이 버는 것이 환상적일 수도 있고, 어떤 분야든 최고가 되는 것이 환상적일 수도 있다. 어떤이는 다른 사람을 웃기는 데서 '환상적'이라는 감정을 느낀다. 세상의 환상은 세상 사람들의 수만큼이나 많다. 나는 그날 밤하늘이 환상적이라고 생각했다. 우주가 주는 광활함과 아름다움에 압도되었다. 손톱만 한 망원경 렌즈로 우주를 내다보았을 때, 그 좁지만 사실은 너른 시야가 멋졌다. 돈을 벌지 못해도, 밥을 먹지 않아도 이거면 되겠다고 생각했다.

지금은 물론 조금 다르지만 어린 날의 나는 그랬다. 그래서 결심했다. 천문학자가 되겠다고. 그래서 이런 환상적이 우주를 매일 바라보며 살겠다고.

초성의 달인

아이들과 수업을 할 때에는 퀴즈만큼 집중력을 끄는 게 없다. 특히 초성 퀴즈는 언제나 아이들의 도전 의식에 불을 지핀다. 꼭 전우를 적진에 두고 온 병사처럼 전투적으로 변한다.

> 쪼쪼쌤 명왕성은 더 이상 행성이 아니란다. ㅇㅎㅅ으로 분류가 바뀌었지. ㅇㅎㅅ에서 앞에 이응은 뭘까?
> 학생1 ㅇ행성이요? 음… 왕행성?
> 학생2 혹시 옛 행성?
> 학생3 아! 웬 행성?

답은 '왜행성'이라고 알려 주면, 그게 왜 답이냐며 당장이라도 돌진할 태세다. 미안해… 그치만 답을 내가 정한 게 아니잖아…. 종종 달에 관한 퀴즈를 낼 때는 이렇다.

> **쪼쪼쌤** 달과 같이 행성을 도는 천체를 위성이라고 해. 그렇다면 위성의 '위' 자는 한자로 무슨 뜻일까?
> **학생1** 위쪽의 위? 몸속의 위? 아 모르겠어요. 힌트 주세요!
> **쪼쪼쌤** ㅂㅎㅎㄷ
> **학생2** 비행하다? 부활하다? 반항하다? 아, 혹시 방학하다? 오예!

누가 초등학생은 어휘력이 약하다고 했나. 비행에서 발효까지, 아이들이 구사하는 어휘는 생각보다 풍부하고 다채롭다. 그렇지만 정답은 따로 있다. 아쉽지만, 정답은 '보호하다'였다. 지구로 날아오는 돌덩이들을 막아 주는 역할을 한다는 데서 나온 말이다. 달에 생긴 크레이터가 바로 지구를 구하려다 생긴 '영광의 상처'라나 뭐라나.

전투적으로 머리를 굴리는 아이들을 보면 답을 맞히지 못해도 아무렴 상관없지 않나 싶다. '정답'보다 '열심'이 중요한 것 같아서다. 아이들이 살아갈 세상의 방향은 그들이 입 밖으로 꺼낸 답만큼 다양하기에, 우주를 배우는 천문대에서만큼은 우주만큼이나 다양한 사고를 펼치기를 바라본다.

9
천문학과 엿보기 1

분위기가 좋아요

🔭 사랑이 넘치는 천문학과

천문학과에는 유독 '캠퍼스 커플'이 많다. 한 학년에 적게는 30명, 많아 봤자 70명 정도인 천문학과 안에서 사랑이 그렇게나 피어오른다. 200여 명이 넘는 다른 과보다 캠퍼스 커플의 수가 훨씬 많으니, 비율로 따지면 실로 어마어마하다. 천문학과는 무엇 때문에 이토록 사랑이 넘치는가. 무엇이 서로 사랑하게 하는가. 천문학과에 사랑이 넘칠 수밖에 없는 세 가지 이유를 공개한다.

---

1. 로맨스 넘치는 수업

4월 말, 중간고사를 한 주 앞둔 때였다. 벚꽃은 왜 꼭 중간고사를 앞두고 피는 건지, 모두들 흩날리는 벚꽃 잎을 원망하고 있었다. 시험 기간인 탓에 마음껏 꽃놀이를 할 수도 없고, 그렇다고 공부에 집중이 되지도 않았기 때문이다. 당시엔 '사느냐 죽느냐'보다 '벚꽃을 보느냐 마느냐' 진정 그것이 문제였다.

그렇게 이성과 감성의 골이 깊어질 무렵, 교수님이 강의실에 들어왔다. 1초도 늦는 일 없이 늘 칼 같은 교수님이었다. 뚜벅뚜벅 갈색 구두를 신고 들어온 교수님은, 창 밖을 한 번 보더니 씨익 미소를 지었다. 그러고는 밝은 목소리로 말했다.

> "오늘 벚꽃이 이쁘네. 꽃구경이나 갈까?"

대학 입학 전 상상해 왔던 캠퍼스 생활은 어떤 모습이었나? 아마도 푸른 잔디밭에서 김밥을 먹거나, 벚꽃 나무 아래에서 야외 수업을 받는 낭만적인 모습이었을 가능성이 크다. 그러나 우리가 그려 온 '영화' 같은 캠퍼스 생활은 말 그대로 영화 속 이야기다. 실제로는 좀처럼 일어나지 않는다. 하지만 내가 다닌 모교의 천문학과는 매년 그 영화를 찍었다. 해마다 봄이 되면 한 번쯤 꼭 야외 수업을 했다. 흐드러진 벚꽃 나무 아래서 출석 체크를 하기도 하고, 잔디밭에 앉아 김밥에 맥주 한 캔을 곁들여 먹기도 했다.(물론 늦어진 수업 진도는 추가 수업을 해서 맞춘다.) 일 년에 한 번씩은 별 여행을 떠났고, '별밤 축제'라는 학과 자체 축제를 열기도 했다. 이것이 천문학과가 자랑하는 로맨스다. 자유롭고 여유로운.

녹은 땅에서 꽃이 피듯, 사랑도 언제나 부드러운 분위기에서 피어나지 않을까?

2. 님도 보고 별도 보고. <관측 전>

"오빠, 오늘 날씨 좋던데~ 별 볼까요?"

"그럴까?"

"네, 망원경 빌려 놓을게요."

"그래, 그럼 관측 전에 밥이나 같이 먹자~"

"좋아요!"

이런 꿈 같은 대화가 천문학과에서는 일상적이다. 천문학과의 하이라이트인 관측 과제 덕이다. 과목에 따라 무려 한 학기 내내 관측을 하는 경우도 있다. 별은 언제 뜨나? 밤에 뜬다. 밤은 언제인고 하면, 해가 진 후다. 해가 진 후에 영롱한 별빛을 보는 것, 그것이 천문학과의 로맨틱한 과제다.

그 때문에 자연스럽게 함께할 시간이 많다. 그리고 이는 곧잘 술자리로 이어진다. 필수 데이트 코스랄까? 어찌 보면 당연하다. 스무 살 초반의 청춘 남녀가 해가 질 때까지 뭘 하며 기다린단 말인가. 공부? 운동? 부모님께는 죄송하지만 그런 건강함은 우리네 대학 생활과 거리가 멀었다. 오로지 놀자!

달이 밤 8시에 뜨는 날이면 저녁을 먹으며 한 잔 하고, 12시에 뜨는 날이면 12시까지 마셨다. 달을 벗 삼아 술을 마시던 '이백'의 정기를 가장 잘 이어받은 이들은 바로 천문학과 학생들일 것이다. 자연스럽게 함께한 시간들은 데이트로 이어지기 마련이다. 천 리 길도 한 걸음부터라고, 사랑도 첫 데이트부터 아닌가.

3. 별빛보다 눈빛. 〈관측 중〉

그렇게 한잔한 후 바라보는 별빛은 전쟁도 쉬게 할 만큼 평화로운 분위기를 만들어 낸다. 그 순간만큼은 모두가 '감성 폭탄'을 맞는다. 상상해 보자. 어두운 밤, 맑고 깨끗한 달 아래의 두 남녀. 조금은 들뜬 기분과 서먹한 감정이 그들 주위를 맴돈다. 거기에 노래라도 한 곡 틀어 놓으면, 이보다 더 사랑하기 좋은 분위기는 없다.

이뿐이랴, 달과 별빛의 자연 조명발(?)로 여자 친구들의 피부는 백옥 같고, 어둠 아래의 남자들은 왠지 듬직하다. '저 별은 너의 별, 이 별은 나의 별' 따위의 말은 그 누구도 하지 않지만, 어두운 밤 달빛 아래의 정취는 아무래도 애틋하다. 이러니 별빛보다 눈 빛에 더 집중하게 될 수밖에. 천문학과의 사랑은 식을 줄 모른다. 이렇게 탄생한 커플은 매년, 매 학번 헤아리기 힘들 정도로 많다. 서로 사랑하고 좋아하는 감정은 언제나 학과의 중앙을 흐른다. 늘 화두

이자 이슈다. 모두가 반기는 이유는 하나다. 자연스럽고 행복한 감정이기 때문이다.

별을 보며 키워가는 사랑
생각만 해도 로맨틱하지 않나요?

집에 갈 줄 모르는 교수

"저 교수님은 왜 집에 안가셔? 집에 들어가기 싫으신가…?"

멋모르는 대학생 시절, (천문학과) 교수님들을 보면 참 끈질기다고 생각했다. 연구실-집-연구실-집. '집은 잠만 자는 공간인가?' 싶을 만큼 평소에도 연구실에 오래 머무는 탓이었다. 여느 직장인처럼 '칼퇴근'을 꿈꿨을 텐데 교수님들은 전력 질주하듯 연구에만 몰두했다. 저렇게 열정적이니 지금의 자리까지 오른 것이겠거니 하면서도 입으로만 그 대단함을 칭송했다.

과학도에게 과학과 감성은 도통 연결되지 않는다. 과학이 논리를 기반으로 하는 학문이다 보니 '감성'은 '비이성'이나 '반(反)논리'로 치부되기 마련이다. 과학자는 '논리' 안에 살아야 한다며 세상 모든 것에 원인과 결과를 따지는 과학인도 아주 흔하다. 마치 x 값을 대입하면 y 값이 정해지는 함수처럼 말이다.

"상훈아, 어제 교수님 연구실에 불이 11시까지 켜져 있던데, 교수님 요즘 새로운 연구 시작하셨어?"

"아, 요즘 교수님 사진 편집하셔."

"무슨 사진?"

"천체 사진, 직접 찍으신 거."

"응? 그건 왜?"

"교수님 취미셔. 가끔 그렇게 밤을 새우다시피 하시네.

나중에 안 사실이지만, 교수님은 누구보다 밤하늘을 좋아했다. 아직도 자신이 찍은 천체 사진을 몇 시간에 걸쳐 작업할 만큼 '별'을 향한 열정이 대단했다. 연구를 직업으로 하는 '프로 천문학자'에게 천체 사진이나 별자리는 실적과 전혀 상관없다. 그럼에도 순수한 열정 하나로 '취미'를 이어 갔다.

교수님이 그토록 연구에 매진한 연유가 '성공의 욕심'이 아니라 '애정'이라는 것을 알았을 땐 뒷머리를 망치로 '쾅' 하고 얻어맞은 것 같았다.

모든 것을 쏟아내려면 열정이 필요하다. 자신이 연구하는 대상에 애정이 깊은 만큼 그 분야에 완전히 몰입할 수 있다. 과학이 논리 안에 존재 한다는 건 부정하기 어렵지만, 그에 대한 열정만큼은 감성의 영역이다. 무엇에 미친다는 것은 '논리'의 영역이 아닌 '감성'의 영역일 테니까.

논리 안에 살아야 하는 과학자일지라도, 때론 감성적으로 사랑을 품고 비이성적으로 세상을 볼 필요가 있다. 이유 없이 무언가를 사랑할 때가 가장 행복한 것처럼. 아직도 별을 보고 '아름답다'고 느끼는 교수님처럼.

2016년 1월 7일 아르바이트생이 새로 왔다

오늘은 천문대에 아르바이트생이 왔다. 경희대학교 천문학과에 다니는 학생이었다. 이름은 이정호, 다른 천문대에서 소개를 받아 오게 되었다. 어떻게 알바를 시작하게 되었냐고 물어보니, "전역한 지 얼마 안 되었어요. 주위를 둘러보니 천문학과를 나오면 무슨 일을 하는지도 모른 채 공부만 하고 있더군요. 그래서 다짜고짜 천문대에 전화를 걸어서 일을 할 수 없겠냐고 물었죠."란다. 참 당돌하지 않은가. 내가 대학생일 때 나에게도 저런 면이 있었을까.

군대에 있을 때였다. 내가 있었던 곳은 경기도 파주의 포병 부대였다. 그러나 포를 만지는 시간보다 탄약고 따위를 지키는 시간이 더 길었다. 뭐 딱히 나쁘진 않았다. 하루에 네 시간 넘게 경계 근무를 서다 보면 자연히 혼자 생각할 시간이 많아지기 때문이다. 허나 스물한 살 청년에게 무슨 고민이 있겠는가. '여자 친구는 뭘 하고 있을까.' 같은 괜한 생각을 하다 보면 그 긴 시간이 맥없이 끝나 버렸다. 그러다 한 번씩 까마득한 '전역'을 생각하는 정도였다. 그런데 전역을 하고 공부할 것을 생각하다 보니, 나는 무엇이 될까 싶었다. 순간 불안감이 엄습했다.

생각해 보니 막연히 '천문학자가 되어야지.' 싶어 천문학과에 온 것 말고 특별한 계획이 없었다. 그렇다고 공부를 특출나게 잘하는 것도 아니었다. 영어도 수학도 온통 재수강에, 천문학은 아직 시작도 안 해 봤다. '그래도 학과 학생들 중에선 내가 제일 별을 사랑하고 말고!' 싶었지만, 열정만으로 학자가 될 수 없다는 정도는 스물한 살의 어리바리한 군인도 알았다. 그래서 서울대, 연세대, 세종대, 경희대 천문학과를 뒤져 교수님들의 이메일 주소를 알아낸 뒤 다짜고짜 물었다. "천문학자가 되고 싶은데, 어찌해야 하나요?"

지금 보면 참 얼토당토않은 질문이 아닐 수 없다. 나의 학업 계획을 남에게 묻다니, '사업을 하고 싶은데 어떤 아이템이 돈이 될까요?'와 뭐가 다르단 말인가. 그럼에도 별처럼 따스한 교수님들은 모두 저마다의 온도로 답장을 보내주셨다. 네다섯 줄의 간단한 답장이었지만 온기가 느껴졌다. 모니터를 타고 흐르는 포근한 사제애에 학구열이 타올랐다. 정말 열심히 공부해야겠다고 되뇌었다. 그러나 그곳은 주위에 시커먼 군인 80명과 포탄만이 상주하는 세계였다.

새로 온 아르바이트생을 보며 그 캄캄했던 날들이 떠올랐다. 멋모르는 당돌함이 귀여운 때니 뭐가 밉겠는가. 처음 온 정호는 일을 아주 잘했고, 똑 부러지는 면도 있어 마음에 들었다. 언젠가 같이 일할 날이 오리라 조심스레 생각해 본다. 그에겐 왠지 모르게 애착이 간다. 어린 날의 내가 생각나서일까? 거침없는 당돌함이 맘에 들어서일까? 아마도 같은 것을 사랑하고 있기 때문이지 않을까.

오리온대성운 ©NASA

10
천문학과 엿보기 2

예상과는 조금 다른 천문학과

천문학은 언제 배워요?

"천문학과는 천문학을 왜 안 배워요?"

4학년 때였다. 수강 편람(학년별 강의 계획서)을 보던 후배가 물었다. 온통 물리와 수학으로 채워진 과목들에 혀를 내두르고 있었다. 눈빛이 날카로워진 후배는 마치 분풀이 하듯 열변을 토하기 시작했다.

"아니, 스무 살이 되고 부푼 마음을 안고 천문학과에 입학했을 때도 1학년은 기본 교양을 쌓아야 한다며 필수 과목만 들어야 했잖아요! 미적분, 논술, 영어요! 따분하고 지루한 수업들을 이겨 내고 겨우 2학년에 올라왔는데, 왜 수업은 또 이 모양이냐고요. 온통 물리, 수학, 화학! 천문학은 도대체 언제 배우냐고요!"

후배의 소나기 같은 하소연을 듣고 나니, 물웅덩이를 지나는 차에 물벼락을 맞은 심정이 되었다. '도대체 내가 뭘 잘못했길래 그는 나에게 열을 올리는 것인가. 교육 과정을 내가 만든 것도 아닌데.'

잘못 배달된 하소연에 정통으로 맞으면서도 나는 별말을 하지 못했다. 어벙하게 서서 그저 "참아… 그래도 3, 4학년 땐 천문학 수업이 좀 있어." 하고 대답할 뿐이었다. 그가 생각해 온 천문학은 무엇이었을까. 그때 나는 무슨 말을 해 줬어야 했을까?

권투를 배워 본 적이 있는지? 나는 대학교 2학년 때 권투를 시작했다. 특별한 이유는 없었다. 그저 멋져 보여서였다. 권투 선수의 탄탄한 몸이 멋있어 보였고 무기 없이 맨손으로 싸우는 모습이 당당해 보였다. 피를 흘리며 싸우다가도 종이 울리면 포옹을 하는 모습도 매력적이었다. 무언가 '진한' 스포츠처럼 느껴졌다.

처음 체육관에 등록한 날, 머릿속의 나는 이미 타이슨이 되어 있었다. 원투, 원투, 어퍼컷, 주먹이 바람을 가르는 상상을 했다. 체육관 정면에 부착된 전신 거울에 내 모습이 비쳤다. 섹시해 보였다. 의욕에 차서 들뜬 마음으로 관장님께 "뭐부터 할까요?" 하고 물었다. 그러자 목이 허벅지보다 두꺼운 관장님이 말했다.

"줄넘기부터."

주먹이 오고 가는 정열의 파이터가 되고자 복싱 체육관을 찾았건만, 처음 일주일 동안은 주먹 한번 내지르지 못하고 줄넘기와 제자리 스텝만 했다. 일주일이 지나서야 비로소 주먹을 뻗을 수 있었지만 도저히 스파링엔 써먹을 수 없을 것 같았다. 왼 주먹 한 번, 오른 주먹 한 번. 링을 눈앞에 두고도 내가 배운 건 늘 '원투 원투'였다. 운동을 시작한 후 6개월까지도 주먹을 내지르는 시간보다 줄넘기를 하는 시간이 더 길었다. 화려한 스파링을 기대했건만 관장님의 가르침은 온통 기본기뿐이었다.

벽에 걸려 있는 괘종시계의 추처럼 앞뒤로 몸을 움직이며 지루하게 주먹을 뻗었다. 그래도 꾸역꾸역 견딜 수 있었던 건 잠시나마 함께 다녀 준 친구들 덕이었다. 그 지루한 시간 동안 우리는 매일같이 하소연했다. "도대체 스파링은 언제 알려 주는 거야?" 천문학은 마치 복싱과 같다. 수려한 별과 우주를 연구하기 위해선 기초가 필요하다.

복싱의 줄넘기와 '원투'가 천문학에선 물리와 수학이다. 때론 화학이나 지구과학이 필요하기도 하다. 이 학문들이 바탕이 되어야만 비로소 프로페셔널한 천문학에 들어설 수 있다. 천문학이야말로 최초의 융합 과학일 것이다.

1학년 때는 후배 말처럼 천문학의 '천' 자도 들어 볼 수 없었다. 미적분학과 일반 물리학, 물리 실험과 같은 기본 과목만 있었다. 2학년이 되고 나서야 비로소 천체 물리학이라는 과목이 추가되었다. 그나마도 천체 물리학은 '물리'에 가까웠다. 천문학과의 과목은 온통 이런 식이다. 오롯이 천문학인 과목은 별로 없다. 천문학의 탈을 쓴 천체 물리학이나 기본 물리학이 있고, 대놓고 수학인 다변수 미적분학이나 선형 대수학 수업도 있다. 천문학과에는 기본기에 해당하는 필수 교양 수업이 꽤 많다. 미적분학과 선형 대수학은 물론이고 공업 수학을 배우기도 한다. 욕심이 많은 친구들은 물리학 전공 수업을 찾아 듣기도 한다. 일반 물리학부터 현대 물리학, 양자 역학과 열 통계까지, 천문학에 도움되지 않는 학문은 하나도 없다. 심지어 C언어나 인터페이스 정의 언어(IDL), 우분투(Ubuntu) 같은 컴퓨터 프로그래밍 수업도 필수이다. 우리는 천문학 수업을 '천문학'이라 쓰고 '종합 과학'이라 읽었다. 천문학은 열을 알아야 하나를 깨칠 수 있는 과목이었다. 스파링보다 기본기가 중요했다.

복싱을 배운 지 4년째 되던 해에 아마추어 대회에 나갔다. 그리고 당당히(?) 동메달을 목에 걸었다. 체육관을 처음 찾은 날의 상상을 비슷하게나마 이루는 데 무려 4년이 걸린 것이다. 마지막 3, 4위전 시합에서 승리한 후 관장님이 물었다.

> 관장님 대회를 준비하는 동안 무엇이 제일 힘들더냐?
> 나 4년 내내 시키셨던 '원투 원투'와 줄넘기요.
> 관장님 짜식, 힘들긴. 그래도 원투만 잘하면 아마추어는 다 잡는 거야.
> 나 저는 3등밖에 못했는데요?
> 관장님 그러니까 좀 더 해.
> 나 네…?
> 관장님 원투 좀 더 하라고.

    관장님은 스파링보다 기본기가 중요하다고 말했다. 화려하게 주먹을 피하는 선수보다 기본기가 탄탄한 선수가 높은 커리어를 기록한다고 했다. 이를 하나의 원칙으로 일관되게 적용하기는 어렵겠지만, 천문학도 마찬가지라 생각한다. 기본기가 충실해야 본질에 다가설 수 있다. 천문학은 현상을 연구하지만, 그 현상은 물리와 수학이라는 언어로 쓰이기에….

천문학은 도대체 언제 배우냐는 후배의 질문이 다시 가슴을 스친다. 그 질문에 나는 어떤 답을 해 줘야 했을까? 아마도 이렇게 대답했어야 하지 않았을까.

"그것도 천문학이야.
원투 원투, 아주 중요한 기본기지."

==2016년 4월 27일 가장 무서운 손님==

천문대에 있으면서 가장 무서운 방문객은 천문학을 전공한 학생이나 과학 선생님 같은 '지식인' 부류가 아니다.

아무것도 모른다며 매서운 질문을 하는 사람이다.

"별이 빛을 내는 이유는 뭔가요?
쉽게 설명해 주실 수 있나요?
전 정말 아무것도 모른거든요. 하하하."

나는 '겸손하신 분이구나. 잘 알려 드려야지.' 하며 책임감을 갖고 최대한 쉽게 설명을 시작했다.

"별은, 별 내부에 있는 수소 입자가 강한 열과 압력에 의해 헬륨으로 변신하며 빛을 낸답니다!"

"아, 그렇군요!. 그런데 수소가 뭔가요?"

"네?"

"수소가 뭐냐고요."

　모르는 게 죄는 아니지만, 가끔은 난감하다. 마치 덧셈 뺄셈 정도의 지식을 가진 사람이 미분 방정식의 해를 묻는 셈이었다. 내 답변에는 늘 그가 알지 못하는 단어가 들어 있었고, 이것은 곧 또 다른 질문의 시작을 의미했다.

　폭포수처럼 질문을 쏟아 내는 그 앞에서 어느새 '질문은 이제 그만해 주세요.'란 마음이 일었다. 하지만 어느새 나는 "궁금한 것이 있으면 언제든 연락 주세요."라고 말하며 명함을 건네고 있었다. 이성은 거부했지만 감성은 그의 진심을 알았던 모양이다.

　연락은 오지 않았지만 나는 종종 그날을 생각한다. 그러면 여지없이 식은땀이 송골송골 맺힌다.

고리성운 ©NASA

11

천문학과 엿보기 3

박사 과정 대학원생과의 인터뷰

쪼쪼쌤	자기소개 부탁합니다.
허 연구원 (이하 허)	안녕하세요. 저는 서울 A대학 천문학과 대학원생입니다. 석박사 통합 과정 5년차이며, 현재는 모든 수업을 수료하고 연구와 눈문에 매진하고 있습니다.
쪼쪼쌤	무엇을 연구하고 있나요?
허	공생별이라는 쌍성계를 연구하고 있습니다. 천체를 관측하여 이론적으로 예측한 결과와 비교하고 천체의 특징을 파악하는 일을 하고 있습니다.
쪼쪼쌤	연구를 위해선 자주 별을 보겠네요?
허	네, 관측 자료를 기반으로 하는 연구를 하고 있기 때문에 관측을 자주 하는 편입니다.
쪼쪼쌤	얼마나 자주 관측을 하나요?
허	저희 팀은 일 년에 두 번 이상 관측합니다. 운이 좋은 경우에는 다섯 번까지 하기도 했습니다.
쪼쪼쌤	일 년에 두 번이요? 일주일에 두 번이 아니고요?
허	네. 연구에 필요한 관측은 개인 망원경이 아닌 연구용 천문대의 망원경으로 이뤄집니다. 연구용 망원경을 사용할 수 있는 시간이 한정되어 있기 때문에, 관측자들이 천문대 측에 망원경 사용 제안서를 낸 후 채택되어야만 관측할 기회를 얻게 됩니다. 천문대마다 규정이 다르지만 보

통 상반기, 하반기에 한 번씩 제안서를 낼 수 있습니다. 실력과 운이 모두 따라 주어야 관측 기회를 얻을 수 있어요. 구경이 아주 큰 망원경의 경우는 경쟁률이 매우 높기 때문에 일 년에 이틀을 관측하면 아주 운이 좋다고 할 수 있죠. 때로는 두세 시간만 사용하는 조건으로 제안서를 제출하기도 합니다.

쪼쪼쌤   허 연구원님의 경우에는 어떤 망원경을 사용해 관측을 해 보았나요?

허   국내 천문대 중 연구 기관으로 이용되는 천문대는 두 곳이에요. 소백산 천문대와 보현산 천문대죠. 저는 보현산 천문대의 1.8미터짜리 망원경을 사용하여 연구하고 있어요. 1.8미터라는 숫자는 빛을 모아 주는 망원경의 거울 지름을 말합니다. 그뿐만 아니라 칠레에 있는 6.5미터 마젤란 망원경, 8미터 제미니 망원경 등을 사용하기도 합니다.

쪼쪼쌤   칠레요? 그 먼 곳까지 관측을 다녀 왔다고요?

허   우리나라는 북반구에 있기 때문에 남반구 천체를 연구하기 위해서는 남반구에 있는 천문대에서 관측을 해야 해요. 특히 칠레는 대기가 무척 건조해서 관측하기 아주 좋은 지리적 조건을 갖춘 나라입니다. 그 때문에 전 세계에서 망원경이 가장 많은 나라죠. 순수 비행 시간만 서른 시간에 달하지만 연구를 위해서 방문합니다.

칠레에 소재한 Gemini 망원경 관측실

쪼쪼쌤   우와, 칠레라니 정말 멋져요. 그곳에서 별을 보면 정말 아름답겠는데요! 춥진 않았나요?

허   하하. 많은 분들이 '관측'이라고 하면 추운 밤하늘 아래서 망원경 렌즈에 눈을 대고 별을 관찰하는 모습을 떠올리죠. 하지만 그렇지 않아요. 연구 관측의 경우에는 미세한 조정이 필요하기 때문에 망원경 조작이나 초점 보정 등은 모두 컴퓨터로 합니다. 따라서 저희는 컴퓨터가 있는 관측실(Control room) 안에 앉아서 관측을 진행하죠. 게다가 대부분의 천문대에는 망원경 조작을 담당하는 오퍼레이터(operator)가 따로 있어요.

쪼쪼쌤   망원경에 눈을 직접 대고 보는 게 아니라는 말인가요?

허   네. 차가운 바람이 부는 밖에서 렌즈에 눈을 대는 대신, 히터가 나오는 관측실에 앉아 컴퓨터 화면을 바라봅니다. 그러니 연구자들이 하는 관측은 별이 가득한 밤하늘을 바라보며 야외에서 관측하는 모습보다는 밤새도록 사무실에 앉아 있는 모습이 더 적절합니다. 저희끼리는 "해 지기 전에 들어가서, 해 뜨고 나서 나온다."라고 하지요.

쪼쪼쌤   혹시 비가 오거나 날씨가 안 좋으면 어떡하나요?

허   날씨는 정말 운에 맡길 수 밖에 없어요. 구름이 많거나, 바람이 많이 불거나, 비나 눈이 내리는 등 관측을 방해하는 요인이 많아요. 하지만 날씨가 안 좋아서 관측에 실패했다고 추가 관측 시간을 얻을 수는 없어요. 앞에서 말했듯이 한 대의 망원경을 여러 연구원이 사용하기 때문에 이미 망원경 사용 스케줄이 꽉 차 있거든요. 어쩔 수 없이 다음 기회를 노려야 해요.

쪼쪼쌤   대학생이 배우는 천문학과 대학원생이 배우는 천문학은 많이 다른가요?

허   〈대학교에서는 천문학에 관련된 기본 개념들과 원리 등을 배우고, 또 어떠한 현상을 이해하기 위해 지금까지 정립된 이론들을 습득해요. 하지만 대학원은 진정한 '연구자'가 되기 위한 과정이에요. 연구자는 말 그대로 연구를 주체적으로 하는 사람인데, 스스로 연구 주제를 찾고 깊이 고민하고 연구하면서 인류 지식의 지평을 넓히는 일을 해요. 따라서 대학원생은 대학생보다는 조금 더 능동적으로 지식을 대해야 해요. 어떠한 주제에 대해서 현재까지 알려진 지식의 한계는 무엇인지, 지금은 어떤 연구들이 행해지고 있는지 등을 끊임없이 고민하고 탐구하는 법을 배워요.〉 예를 들어 볼게요. 지구가 어떤 모양으로 생겼는지 궁금할 때 누군가는 책을 살펴보고 지구의 모양이 어떻게 서술되어 있는지를 학습하죠. 대학원생의 경우는 그보다 조금 더 나아가 지구가 둥글다고 누가 어떤 근거를 가지고 말했는지, '둥글다'의 기준은 무엇인지, 그 전에는 어떤 신념들이 있었는지를 조사하고, 본인이 직접 측정하고 계산하며 검증합니다. 알려진 지식을 곧이곧대로 받아들이지 않고, 끊임없이 반복하여 묻고 연구하고 검토하는 것이죠. 이처럼 자신이 궁금한 것을 스스로 해결할 수 있는 능력을 배우는 과정이 바로 석, 박사 과정인 것 같아요.

쪼쪼쌤   밤하늘을 연구하는 데 가장 필요한 덕목은 뭐라고 생각하나요?

허   열정이요. 가끔 "저는 수학, 물리를 못하는데 천문학을 할 수 있을까요?"라고 물어보는 학생들이 있어요. "기타를 못치는데 기타를 배울 수 있을까요?"라고 물어보는 것과 같아요. 천문학이 하고 싶으면 배워야죠. 열정만 있다면 뭐든지 할 수 있습니다. 여러 학회를 다니면서 많은 교수님과 박사님을 만나 뵈었는데 나이가 지긋한 분들에게서도 여전히 천문학을 사랑하는 순수한 마음이 느껴져요. 어릴 적 밤하늘을 바라보며 느꼈던 두근거림과 같은 순수함이요. 우주를 궁금해하고 조금 더 알고 싶어 하는 때 묻지 않은 열망, 그 마음 하나가 그분들이 오랫동안 천문학을 할 수 있게 한 버팀목이었던 것 같아요.

쪼쪼쌤 아 그렇군요! 이야, 멋진데요!

허 그런데 가끔 지나친 환상을 가지고 대학원에 들어오는 학생들도 있어요. 막연히 별이 아름답고, 천문학자의 이미지가 근사하다는 이유죠. 하지만 과학자, 연구자는 지식을 습득하는 일에서 나아가 연구를 통해 자신이 알게 된 지식을 논문이라는 결과물로 만들어야 해요. 이 과정에서 이런저런 시행착오를 겪기도 하고, 완성하기까지 많은 시간과 노력을 필요로 합니다. 겉으로 보기에 '있어 보이는', '폼 나는' 그런 이미지와는 다르게 매일 나 자신과 싸움을 이어 가는 고된 과정이에요. 실제로 한두 학기만에 그만두는 대학원생들이 흔해요. 천문학이 주는 환상과 실제로 마주한 실체가 조금 달라서죠.

쪼쪼쌤 역시 쉬운 게 없군요! 마지막으로 천문학자가 되고 싶어 하는 학생들에게 한마디 해 주세요.

"천문학자가 되고 싶다고요? 저도요!"
(저도 아직 천문학자가 아니라서요….)

APEX와 밤하늘 ©NASA

12

무엇이 되기를
포기했을 때

무엇이 되기를 포기했을 때

"차 좀 빌려 주세요."

"뭐하게?"

"생각 좀 하게요."

"그래 알았다."

그게 끝이었다. 곧이어 뭉툭한 자동차 열쇠가 내 손 위로 떨어졌다. 평소 같으면 "대학생이 무슨 차야!"라고 하셨을 텐데, 웬일인지 가만히 열쇠를 던져 주시고는 "기름은 네가 넣어라." 하셨다. 평생을 같이 살았지만 가끔은 알 수 없는 부모님이다.

그렇게 09년식 SUV에 고등학교 때 산 12인치 돕소니언 망원경을 실었다. 망원경은 누가 보면 '보일러 온수통 아니야?' 하고 물을 만큼 길고 뚱뚱했다. 트렁크에 들어갈 리가 없었다. 30킬로그램에 달하는 이 거대한 짐 덩어리를 뒷좌석에 가로로 꽉 채워 넣고는 그대로 여행길에 올랐다. 유난히 뜨거웠던 대학교 3학년 여름이었다. 해가 지평선 가까이 내려와 가로등과 제 임무를 교대할 때쯤 집을 나섰고, 이른 아침을 시작하는 사람들이 한두 명 버스에 오를 때쯤 돌아왔다.

그날 이후 나는 부모님에게 차를 빌려 떠나는 일이 잦았다. 가평으로, 순천으로, 여수로, 별이 보일만 한 곳이면 어디고 다다라서는 망원경을 폈다.

별을 보겠다며 찾은 곳은 하나같이 어둡고 외졌다. 부엉이와 소쩍새만 낯선 이에게 말을 걸었다. 조금 무서웠지만, 고맙게도 소중한 시간을 기꺼이 나에게 할애해 준 친구 한두 명이 늘 내 여행길에 함께 했다. 흐드러진 밤하늘 아래 시커먼 청년들이 별을 훔쳤다.

안드로메다은하를 보며 "우와 이게 이렇게 선명하게 보여?"라며 감탄했고, 눈앞에 은하수를 두고는 "저건 구름인가?", "연기 아니야?" 하며 설왕설래했다. 으슥한 산길 아래서 단숨에 들이켠 컵라면의 양만큼이나 부족한 지식 탓이었다.

그렇게 주린 배를 간신히 달래고 돌아오는 차 안에서 우리는 환호 대신 한숨을 내뱉었다. '확신'보다는 '혹시'에 가까웠다. 세상에 두려울 것 없는 젊음을 등에 업고도 무엇이 그토록 불안했을까. 어떤 고민이 두어 시간 차곡히 담은 밤하늘보다 깊었던 것일까.

나는 정말 천문학자가 되고 싶은 걸까?

자전거로 유럽을 일주하며 스위스에서 난생처음 은하수를 보았다. 별들로 점철된 우주 그 자체였다. 그 찬란함에 매료되어 밤하늘에 대한 열망은 더 뜨겁게 타올랐다.

우주의 장엄함 앞에 작아진 나를 느끼며, '과연 내가 우주를 연구해도 되는 것인가.' 하는 마음이 들기도 했지만 그 일은 여전히 환상적으로 느껴졌다.

군 제대 후 성적도 좋았고, 이대로만 하면 뭐가 돼도 되겠다는 자신감도 들었다. 초롱한 별빛 속에서 평생을 보내겠다는 결심은 단단했다. 그런데 문득 별과 함께 사는 삶이 꼭 천문학자여야만 가능한 것인가 하는 의문이 들었다.

공부가 즐거웠지만 제일 재밌는 일은 아니었고, 연구를 해 보고 싶었지만 '평생' 하고 싶지는 않았다. 생각해 보니 그랬다. 맛있는 음식을 좋아한다고 해서 꼭 요리 연구가가 될 필요는 없었다. 헬스가 즐겁다고 해서 트레이너가 되어야 하는 것도 아니고, 다이어트를 한다고 해서 영양학을 공부할 필요도 없다.

  어떠한 행위가 재미있다고 해서 근원적인 원리를 연구해야 하는 것은 아니었다. 나는 천문학자가 되겠다는 꿈을 꾼 지 딱 10년 만에, '나는 진정으로 천문학자가 되고 싶은가.' 라는 물음을 던졌다. 그리고 천문학자가 되지 않는 길을 선택했다.

  천문학자가 되기를 포기했을 때, 나는 자괴감 비슷한 게 들었다. 10일 동안 붙은 스티커도 쉽게 떨어지지 않는데, 하물며 10년 묵은 꿈이야 오죽할까.

  나는 그저 천문학자가 되고 싶지 않아졌는데, 그런 마음을 품는 게 꼭 도망치는 것 같았다. 그 텁텁함은 마음 한 구석에 조용히 똬리를 틀고 눈을 껌뻑였다. 그리고 이따금 말을 걸었다. "다시 돌아오지 않을래?" 하고.

🌙 천문학자가 아니어도 밤하늘과 산다

  종종 아이들에게 "선생님은 왜 천문학자가 되셨어요?"라는 질문을 받는다. 그러면 "쌤은 천문학자가 아니야. 너희를 가르치는 선생님일 뿐이야." 하고 답한다.

  아이들은 별을 보며 사는 사람들이 모두 천문학자라고 오해한다. 천문학자가 아니라도 세상엔 별을 보는 직업이 꽤나 많다. 국공립 천문대의 직원이 되어 사람들에게 별을 보여 줄 수도 있고, 나처럼 교육형 천문대에서 강의를 할 수도 있다. 우주 구석구석을 사진으로 남기는 천체 사진 작가도 있다. 망원경을 만들거나 수리

하는 일도 밤하늘과 관련이 있고, 인공위성이나 우주 센터를 운영하는 개발자도 존재한다.

그렇기에 밤하늘 아래 살고 싶다고 해서 꼭 천문학자가 될 필요는 없다. 오히려 별 이외에 무엇을 좋아하는지가 큰 기준이 될 수 있다. 사진에 흥미가 있는 사람은 천체 사진 작가가 되어도 좋겠고, 무언가를 만들고 고치는 데 일가견이 있다면 망원경 엔지니어도 훌륭한 선택지가 된다. 별 말고 좋아하는 게 한 가지만 더 있어도 밤하늘 아래서 더욱 즐겁게 살 수 있다. 내 경우는 '아이들'이었다. 아이들이 좋았다. 지나가는 아이들만 보면 말을 걸고 싶고, 장난을 치거나 함께 놀고 싶었다. 작은 것에도 감동하고, 모든 것을 호기심 어린 눈으로 바라보는 아이들이 나는 참 좋았다. 아이들과 별을 보는 일이라면 평생 해도 즐거울 것 같았다. 천문학자가 되지 않겠다며 돌아서는 길에 아이들을 만났다. 천문학자가 아니어도 밤하늘과 함께 살 수 있겠다고 흥분하면서.

2017년 4월 26일 별로 맺어진 인연

오늘은 3년 동안 함께하고 졸업한 친구들이 오랜만에 천문대를 찾았다. 아이들의 근황도 궁금하고 어머님들의 안부도 궁금해 마침 수업이 없는 틈을 타 방문하라고 했다.

그런데 하필이면 약속한 그날 날씨가 안 좋았다. 오래간만에 아이들에게 별을 보여 주려고 했는데 날씨 예보가 완전 꽝이었다. 별을 볼 가능성이 제로에 가까웠다. 그래서 약속 시간이 되기 전에 급하게 어머님들에게 연락을 취했다. "오늘은 별이 안 보이겠네요. 다음에 오시는 게 어떠세요?" 어머님들의 대답은 빠르고 간결했다.

"그냥 갈래요!"

어머님들은 지체 없이 천문대를 찾았다. 별을 못 봐도 오겠단다. 그 덕분에 오랜만에 아이들을 만났다. 1년 만에 천문대를 찾은 아이들이 나를 보자마자 외쳤다.

"쪼쪼쌤, 키가 왜 이렇게 작아졌어요?"

1년 만에 봐서인지 아이들은 키가 부쩍 자랐다. 한 친구는 나와 고작 1센티미터밖에 차이 나지 않았다. '중1 주제에….' 괜히 뒤꿈치를 들어 올리며 아직도 한참 클 아이를 억지로 내려다봤다. 아이는 나를 놀리듯 장난스럽게 웃어 보였다. 괜히 나는 심술이 나서 툴툴거렸다. "오늘 날씨도 흐린데 왜 온 거야, 대체!"

"선생님 얼굴 보려고요! 보고 싶으니까요."

여자 친구에게나 당할 '심장 어택'을 아이들에게 당했다. 별도 별이지만 아이들 때문에 이 일을 계속하는 것이지 싶다. 우리는 그렇게 흐린 하늘 아래에서 한 시간 동안 담소를 나누었다. 3년이라는 시간에 기대어, 밤하늘과 함께 한 추억에 기대어. 구름에 가려 별은 보이지 않았지만, 별보다 빛날 아이들을 오래도록 마주했다.

03
천문대 일상

사자자리 Leo triplet ⓒ의왕어린이천문대 신정욱

13

천문대의 계절

가장 무서운 계절

깊은(?) 골짜기에 위치한 천문대는 늘 봄을 정통으로 맞는다. '정통으로 맞는다'는 게 무슨 말이냐면, 그 어떤 곳보다 봄의 정취가 짙다는 뜻이다. 주변을 둘러싼 청청한 나무와 꽃들은 마치 무지개 같아서, 형형색색의 빛이 저마다 귀하다. 보지 않으려 해도 보게 되는 청초한 여인 같다. 벚꽃은 또 얼마나 흐드러지는지 산들바람이 불 땐 꼭 무대의 피날레 장면 같다.

게다가 천문대의 봄은 유난히 길게 느껴진다. 산 안쪽에 자리한 탓에, 평균 기온이 근방의 도시보다 2도 정도 낮기 때문이다. 2도는 2주의 시간 차이를 만들어 낸다. 모든 것이 도시보다 2주 늦다. 얼음이 녹는 것도, 벚꽃이 지는 것도 모두 보름이 늦다. 그 때문에 도시에서 벚꽃철이 끝났다며 여름을 준비할 때, 천문대의 봄은 여전히 한창이다. 이곳이야말로 '벚꽃 엔딩'에 어울리는 곳이다.

봄이 두려워요.

하지만 주변의 풍광과는 달리 '봄'은 천문대에서 가장 무서운 계절이다. 별을 관측하기에 매우 좋지 않기 때문이다. 따스한 햇살은 꽃만 피우는 것이 아니라, 구름도 피운다. 데워진 공기의 반항이다. 그래서 봄에는 맑은 하늘 대신 구름 가득한 하늘을 자주 경험하게 된다.(별로 좋은 경험은 아니겠지만.)

설령 날씨가 맑다 해도, 봄철 밤하늘에는 볼 게 별로 없다. 별자리의 개수도 적거니와 망원경으로 볼만한 대상이 많지 않다. 자칫 지루한 밤하늘만 봐야 할지도 모른다. 그렇기 때문에 봄에는 늘 만반의 준비를 해야 한다. 그나마 봄이 되면 구세주처럼 떠 주는 행성들이 고마울 따름이다.

> 쪼쪼쌤　이번 달에 관측할 대상은 목성이야!
> 학생들　우와, 목성! 진짜 보는 거예요?
>
> 그러다가도 세 달쯤 지나면,
>
> 쪼쪼쌤　오늘 볼 천체는 바로… 목성!
> 학생들　또 목성이에요? 벌써 두 번이나 봤잖아요. 목성 말고 다른 행성 보여 주세요!
> 쪼쪼쌤　그럴 수만 있다면… 초능력을 부려서라도 보여 주고 싶다.

　봄의 밤하늘은 모든 것이 살아 움직이는 땅과는 차이가 있다. 그러나 텅 빈 밤하늘 속에서도 아이들은 우주를 만난다. 꼭 화려하게 반짝이는 것만이 우주의 모습은 아니니까.
　봄의 양면을 살아가는 사람으로서 어떨 때는 참 고달프다. 어느 것 하나 마음 놓고 즐길 수가 없다. 햇볕이 좋은 날은 구름 낄 밤을 걱정하고, 밤하늘이 맑은 날은 봄날의 정취가 사라질까 걱정한다.
　그럼에도 나는 봄이 좋다. 피어나는 꽃만큼이나 아이들의 표정도 밝아지기 때문이다. 새 학기가 되어서인지, 아니면 따듯한 날씨가 좋아서 인지는 알 수 없지만 아이들에게도 꼭 봄 향기가 난다.

커피와 함께하는 천문대의 겨울

반면에 겨울은 다르다. 겨울의 밤하늘은 어느 계절보다 찬란하고 화려하다. 밝은 별들과 성단, 성운, 은하가 가득하다. 그렇지만 나오는 한숨을 막을 수 없다. 추워서다. 겨울이 오면 '아, 또 발가락이 고생하는 계절이 왔구나.' 한다. 이놈의 발가락은 왜 갈라져 있는지, 덕분에 추위를 두 배로 탄다. 허벅지나 배처럼 똘똘 뭉쳐 있는 곳은 쉽게 추위를 타지 않는데 말이다. 겨울을 견디고 나면 진하게 남는 나무의 나이테처럼 발가락에도 어떤 흔적이 남는다. 이번 겨울이 얼마나 추웠는지 알고 싶다면 발가락을 쳐다보는 것도 하나의 방법이다.

천문대의 겨울은 아주 춥다. 사실 여름을 제외한 모든 날이 춥다. 가을도 춥고, 봄도 춥다. 골짜기에서 불어오는 서늘한 기운에 10월부터 패딩을 입어야 한다. 그러니 12월에는 패딩 한 벌만 가지고는 어림도 없다. 내복을 껴입고 장갑과 목도리까지 착용해 온몸을 꽁꽁 싸매야 한다.

사람뿐만이 아니다. 레이저(별 지시기)에도 핫팩으로 옷을 입혀 주어야 한다. 그 녀석을 추위에 방치했다간 '감히 나를 방치해?' 하며 빛을 쏘아 내지 않는다. 추운 겨울에 별을 보는 일은 그리 평안하지 않다. 그럼에도 겨울이 좋은 이유를 딱 한 가지 꼽으라면, 바로 커피 때문이다. 입김도 얼어붙을 만큼 차디찬 겨울바람을 맞을 때면 따뜻한 커피가 당긴다. 장갑을 벗고 커피 잔을 포근하게 감싸면 따뜻함이 온몸으로 퍼진다.

오래간만에 낮에 준 겨울 햇살까지 바라보면 행복도 같이 퍼진다. 밤늦게 일하니 카페인 걱정도 할 일이 없다. 천문대에서 일하는 모두가 커피 홀릭이다. 가끔 세 잔을 내리 마시고 심장을 움켜쥐며 "심장아 미안!" 하기도 하지만 더치커피 원액 세 병이 일주일 만에 사라질 만큼 천문대의 겨울은 커피와 가깝다. 커피가 맛있다는 것, 내가 겨울을 좋아하는 이유다. 반대로 어째서 겨울이 싫은가 하면 이유야 많다. 그중에서도 제일은 움츠러드는 몸 때문이다. "남자는 항상 가슴을 펴고 살아야 해."라고 한 아버지의 말을 도저히 지킬 수가 없다. 물론 아버지 말을 지킬 수 없어서 싫은 건 아니다. 그냥 추워서 싫다.

 어린 시절, 눈보라가 몰아치는 겨울에도 당당하게 가슴을 펴고 지내는 친구가 한 명 있었다. 김보성처럼 '의리!'를 외치며 남성성을 뿜어내는 친구도 아닌데 늘 가슴만은 당당했다. 누군가 "야, 너는 추운데도 어떻게 그렇게 몸을 뻣뻣하게 다니냐."라고 질문하자, 그 친구는 이렇게 대답했다. "어릴 때 발레를 배워서…." 아 그렇구나. 아무도 말을 잇지 못했다. 조기 교육이 그렇게 중요하단 걸 처음으로 느꼈다. 나도 발레를 배웠으면 저렇게 됐으려나. 피아노는 괜히 배워서…. 어쨌거나 그 친구의 별명은 '겨울 장승'에서 '발레 장승'으로 바뀌었다. 발레 안 배우길 잘했다.

 어쨌거나 늦은 하루를 사는 사람들에게 커피는 음료이자 약이고, 에너지이다. 그렇다고 처음부터 커피가 좋았던 것은 아니다. 지금까지 인생에서 '아, 그건 정말 싫어!'라고 했던 것이 몇 가지 있다. 스물 살 때는 커피가 그랬다. 일단 맛이 없었다. 어떤 것은 쓰고, 어떤 것은 셨다. 아무리 잘 표현해도 냄새 좋은 한약 정도였다. 가끔은 생선 비린내 같은 향이 나기도 했다. 가격도 큰 문제였다. 모두가 빠져 있는 그 마법의 갈색 물은 너무 비쌌다. 5,000원이나 하다니! 그 당시 5,000원이면 학교 앞 최고 번화가에서 맛있는 김치찌개 백반을 먹을 수 있는 돈이었다. 돌도 씹어 먹을 대학생에게 커피가 한 끼 식사처럼 느껴질 리 만무했다. 어쩌다 카페에 가게 되면 유자차나 핫초코를 마셨다. 나는 왜인지 커피보다 유자차가 더 세련되게 느껴졌다.(진실로)

그 후로 10년이다. 시간이 혀의 쓴 감각을 앗아 갔는지는 알 길이 없지만, 더는 커피가 쓰게 느껴지지 않는다. 여전히 한약은 쓰고, 레몬은 신데 왜 커피만 쓰지 않게 된 걸까. 특별한 계기가 있는 것도 아니다. 시간에 몸을 맡기고 몇 년간 질주하다 눈을 떠보니 어느새 그 안에 풍덩 빠져 있었다. 정신없이 놀다 보면 어느새 갯벌에 밀물이 차오르는 것처럼, 그렇게 순식간이었다.

돌이켜 보면 그렇게 변해 온 것이 많다. 느끼했던 연어회의 고소함을 알게 되었고, 밥보다 좋았던 빵이 이젠 잘 먹히지 않는다. 방 청소가 생각보다 즐거운 일이 되었고 걷기도 싫어했던 내가 일주일에 세 번은 뛰고 있다. 십 년이면 강산도 변한다더니, 강산보다 굳건하다고 느꼈던 취향이 송두리째 변했다.

앞으로 또 나의 취향이 어떻게 변할지 전혀 감이 오지 않지만, 지난 변화들을 떠올리면 꼭 그렇게까지 싫어할 필요가 있었나 싶다. 팔짱을 꽤나 단단히 걸어 잠그고 "싫어, 커피는 절대 안 먹어!"라고 했던 지난날 나에게 '그렇게까지 거부할 필요가 있었나' 싶은 마음이 든다. 공격적인 눈빛을 조금만 일찍 풀었어도 커피를 좀 더 빨리 즐기게 되지 않았을까?

지금 내가 단호하게 '싫어!'라고 말하는 것은 나의 '줏대'이기도 하지만, 그것이 '절대'가 아님을 커피를 통해 알게 되었다.

2017년 2월 5일 주말에 비라니, 오예!

오늘은 주말이라고 복작복작한 홍대까지 마실을 나갔다. 먹이 앞에 모인 개미 떼처럼 붐비는 인파에 수없이 어깨를 부딪히면서도 '역시 열정 가득한 도시군.' 하며 내심 즐거웠다. 생기가 마구 넘친다라고나 할까. 홍대는 역시 젊은 피가 돌았다.

그런데 저 멀리 보이는 구름의 자태가 심상치 않았다. 금방이라도 백만의 소나기 군사들을 몰고 쳐들어올 기색이었다. 왜 슬픈 예감은 틀린 적이 없는지, 10분쯤 지나자 후드득 비가 떨어졌다. 갑작스러운 비에 거리의 악사도, 사람들도 모두 실내로 피신하기 시작했다. 순식간에 열정의 도시는 생기를 잃었다. 젊은 피도 비 앞에선 생쥐 꼴을 못 면했다. 왜 하필 지금이냐고요. 신성한 주말에!

하지만 입 밖으론 전혀 다른 말이 나왔다.

"오예! 오늘 비가 왔으니, 주중엔 날씨가 좋을 확률이 크겠구나! 아이들이 별을 볼 수 있겠다!" 별을 보여 주는 일을 하는 사람으로서 주중엔 꼭 날씨가 좋아야 한다. 비가 오거나 구름이 끼면 별을 보러 천문대를 찾는 아이들이 실망하기 때문이다. 그래서 일을 하지 않는 주말에 날씨가 좋지 않으면 속으로 내심 기쁘다. '주중엔 날씨가 좋을 확률이 높겠구나!' 하고.

하, 일이 주말의 감정까지 침범하고 있다. 날씨가 주는 본연의 감정도 일과 연관되어 버리다니. 프로페셔널해진 걸까, 점령당한 걸까?

달 월영 ⓒ조현식

14
별만 보는 건 아닌데

왜 내게 돈을 주는 거지?

천문대 강사가 된 지 한 달쯤 되었을 때였다. 그날의 주된 업무는 공부였다. 아이들에게 가르쳐야 하는 주제가 서른여섯 가지나 되기 때문에 '공부'도 중요한 업무였다. 그런데 그 공부라는 것이 생각보다 흥미롭다. 시험을 위한 공부와는 사뭇 다르다. '상대성 이론'을 영화 <인터스텔라>에 적용해 본다거나, 미국의 천문학자 에드윈 허블이 발견한 '우주 팽창'의 과정을 따라가 본다. 과학 잡지를 읽거나 최신 논문을 찾아 읽기도 한다. 아이들에게 전달할 수 있는 흥미로운 우주 이야기는 무엇이든 가치 있다.

평생 평가를 위한 공부만 해 왔다. 그런데 어느 순간 돌아보니 나를 위한 공부를 하고 있었다. 기한도, 압박도 없이 즐거운 지식을 쌓고 있었다. 이 직업을 갖지 않았더라도 '취미'로 했을 공부들이었다. 이런 생각이 스치니 갑자기 이상한 기분이 들었다. 조금은 어색한 느낌도 들었다. 그리고 자연스레 한 가지 의문이 떠올랐다.

'왜 내게 돈을 주는 거지?'

천문대에 입사하기 직전까지 대학교에 다녔다. 평생의 반을 별에 관심을 두고 살았고, 별에 대해 더 공부하기 위해 천문학과에 들어갔다. 대학교 등록금은 1년에 무려 천만 원에 달했다. 우주를 더 알기 위해 4년 동안 4000만 원 가까이 지불한 것이다. 무언가를 공부하는 게 그토록 '비싼' 일인 줄 그제야 알았다.

그런데 천문대는 달랐다. 좋아하고, 평생 흥미로워했던 공부를 하라며 모든 지원을 아끼지 않았다. 책을 사 주고 강의를 제공했다. 심지어 '월급'까지 줬다. 넘치진 않았지만 모자라지도 않는 금액이었다. 내가 진정으로 좋아하는 공부를 하며 돈을 받다니…. 그날 나는 생각했다. 이 일은 정말 환상적이라고.

천문학은 살아 있는 생물 같다. 아직도 더 자라야 하는 아기처럼 계속 성장한다. 기술의 발전, 새로운 이론의 등장 혹은 우연한 관측과 같은 모든 일이 천문학의 성장을 돕는 영양소가 된다. 그 영양소를 받아 든 천문학의 현주소는 매일매일 달라진다. 어제의 답이 오늘은 오답이 되기도 하고, 어제의 오답이 오늘은 정설이 되기도 한다. 수천 년 동안 쌓인 학문이지만 트렌드에 참으로 민감하다.

해마다 이루어지는 태양계 탐사 덕에 행성들의 정보가 매년 업데이트된다. 선두에 있는 연구 조직이나 기업들은 해가 갈수록 도전적인 행보를 보인다. 국제 우주 정거장에 로켓을 쏘아 보내는 일을 기업이 도맡아 하고, 화성에 사람을 보내겠다는 야심 찬 계획도 민간 영리 단체가 먼저 시작했다. 할아버지의 말처럼 세상이 정말 빠르게 변하고 있다.

게다가 요즘 아이들은 인터넷을 통해 다양한 정보를 빠르게 접한다. "쌤, 오늘 뉴스를 보니까 토성의 달에 바다가 있다던데요, 사실이에요?" 하는 질문에 "글쎄…?"라고 대답하는 순간 아이들 눈에는 실망감이 비친다. 신뢰감이 사라지는 건 한순간이다. 언제 어디서 날아올지 모르는 총알에 늘 대비해야 한다.

그렇기 때문에 천문학 강사들은 늘 공부한다. 자칫하다간 '한물간' 정보를 전달할 수 있기 때문이다. 늘 최신 정보를 찾아보고 숙지해야 한다. '공부'가 주된 일이자 업무다. 근무 시간에 다큐멘터리를 보거나 기사를 찾아 읽는 일도 지극히 당연하다. 따뜻한 햇살

아래 한가로이 책을 읽는 것처럼 보이지만 사실은 치열한 업무의 현장이다. 학자와는 다르지만, 어쨌거나 '공부가 직업'인 셈이다.

2017년 4월 18일 이런 일을 할 줄 몰랐어요

드디어 일을 끝냈다. 화요일부터 토요일까지 일을 하고 행복한 일요일, 월요일 이틀간의 휴식을 맞이할 차례였다. 다른 이들과는 조금 패턴이 다르지만, 내겐 평범하고도 소중한 휴일이다.

그런데 집에서 일을 마치고 시계를 보니 어느새 월요일 밤 열한 시가 되어 있었다. 일요일을 통으로 일하고, 월요일 밤이 돼서야 비로소 끝이 났다. 내 주말이 고작 한 시간밖에 남지 않은 것이었다.

"아니, 천문대에서 일하는 사람이 집에서 할 일이 뭐가 있나요?"라고 묻는다면 이렇게 답하고 싶다.

"집에서 할 수 없는 일이 도대체 뭔가요?"

사실 이 일을 시작할 때만 해도, 천문대에서의 일이란 그저 별을 보여 주는 직업 정도로 생각했다. 찬란한 녹색 레이저를 쏘아 대며 낭만적인 별자리 이야기를 쏟아 내는 일 말이다. 몸집만 한 망원경을 휙휙 돌려 가며 밤하늘을 탐닉할 줄 알았던 나는, 쉬는 이틀 내내 책상 앞에 앉아 일을 했다. 디자인이었다.

일러스트를 하는 데 많은 시간을 사용했다. 교육에 필요한 교재나 교구를 만드는 일이었다. 아니, 학창 시절 내내 미술 실기에서 꼴찌를 하던 내가 디자인이라니! 미술보단 체육이, 그림보단 음악이 좋았으면서 무슨 디자인? 그런데 일이라는 게 필요하면 하게 되더라. 입사 후 수년간 지옥훈련을 한 결과, 그래도 내 나름의 콘텐츠를 만들어 내고 있다.

지구 밖 우주를 이해시키기 위해서는 다방면으로 설명을 해야 한다. 말과 칠판만으로는 우주라는 공간을 오롯이 이해하기 힘들다. 이를테면 북극성이 그렇다. 학창 시절 지겹게 들어 온 북극성은 아주 중요한 별이다. 밤하늘에 콕 박힌 듯 움직이지 않기 때문이다. 한편 북극성을 제외한 모든 별은 북극성을 중심으로 도는 것처럼 움직인다.

하지만 겪어 본 적 없는 지식은 그리 쉽게 전달되지 않는다. 북극성이 움직이지 않는다는 것이 어떤 의미인지, 별들이 북극성을 중심으로 돈다는 게 무슨 말인지 아이들의 머릿속에 금방 그려지지 않는다. 아주 간단한 그림도 아이들에겐 피카소의 작품처럼 느껴진다. 그러므로 직접 보여 줄 필요가 있다. 실습이나 영상 혹은 만들기를 통해서 콕 박힌 북극성과 그 주위를 도는 별들을 표현해 줘야 한다.

평생 관련 없던 디자인에 발을 들여놓게 된 것은 오로지 아이들 때문이다. 직접 만든 교재나 교구를 보며 이해하는 아이들을 보면, '아, 이것이 내가 음식을 맛있게 먹을 때 어머니가 행복한 미소를 띤 이유였구나.' 싶다.

몇 날 며칠을 고생해 어깨가 딱딱하게 굳고 피로가 가시지 않아도, 아이들의 웃음을 마주하면 그게 그렇게 좋았다. 내가 하는 일이 아이들을 행복하게 하는 일이구나 싶다.

사실 한번 이렇게 진을 빼고 나면 다시는 하고 싶지 않다. '다음부터는 적당히 하자. 기존 자료들로도 충분하잖아.' 하며 괜히 사서 고생하지 말자고 다짐한다. 하지만 그날의 결심은 어느 순간 또 무너지고 만다. 새로운 아이디어를 공책에 끄적이는 나를 발견하고 나면 여지없이 시작된다, 방구석에서 하는 밤하늘 일이.

줄어든 설렘

"선생님은 매일매일 별을 보니까 진짜 좋겠어요! 그렇죠?"
"그럼요! 우주는 봐도 봐도 신기하답니다!"

많은 사람들이 묻는다. "낭만적인 일을 해서 좋으시겠어요?" 부러움과 함께 쏟아진 그 질문의 답은 뻔하다. 마치 미리 만들어 놓은 것처럼. '우주는 아름답다.' '신기하기도 하다.' 그럼에도 가슴 한쪽에 자리 잡은 양심이 쿡쿡 쑤시는 이유는 무엇일까. 나는 거짓을 말하고 있는 걸까?

천문학자의 꿈을 품었던 열네 살 때부터 대학에서 보낸 6년, 천문대에서 일하고 있는 지금까지, 인생의 반 이상을 별과 함께했다. 고등학교 때 아버지가 선물해 주신 보물 1호 망원경은 지금도 천문대에서 전시용으로 쓰고 있다. 밤하늘이 좋아 선택한 길이었고, 별들 사이로 쏟아지는 아름다움이 돈보다 더 좋았다.

그럼에도 별이 늘 아름답기만 한 것은 아니다. 어째서일까. 밤하늘을 보는 시간이 세끼 밥을 먹는 시간보다도 길어졌기 때문일까. 아니면 별을 보는 것이 일이 되었기 때문일까.

스스로 내린 결론은 '별이 내 생활의 일부가 되었기 때문'이라는 것이다. 한때는 '별 보는 일이 마냥 즐겁게 느껴지지는 않게 되었구나….'란 생각에 서글펐다. 좋아하는 일은 정녕 취미로만 남겨 둬야 하는 것인가 하는 생각에 자괴감이 들기도 했다. 머리 위에 먹구름 없고 지낸 지 몇 달이 지나고서야 이런 생각이 들었다. '무언가를 미칠 듯이 좋아한다는 것, 이를테면 '꿈' 같은 건 '연애'와 참 비슷하구나.'

연애를 시작할 땐 모든 게 행복하다. 상대방이 끔찍이 소중하고 애틋하다. 삶의 목적이 그 사람이 되기도 한다. 밥을 먹을 때도, 잠을 잘 때도 그 사람 생각에 마냥 행복하다. 하지만 시간이 흐르면 그 뜨거움은 익숙함으로 바뀌기 마련이다. 처음의 설렘은 사라지고 늘 1등이었던 우선순위도 조금씩 뒤로 밀린다. 5~6년 된 커플들은 '정'으로 만난다는 우스갯소리를 하기도 한다.

무언가 익숙해진다는 것은 안 좋은 일일까? 뜨거움이 식은 그들은 더 이상 사랑하지 않게 된 것일까? 그렇지 않다. 그들은 서로의 일부가 되었을 뿐이다. 처음의 뜨거움은 없지만 끈끈한 신뢰가 있다. 함께한 시간이 처음의 설렘을 덮었을지언정 쌓인 믿음은 그들 사이를 더욱 돈독하게 만든다.

오래된 커플이 쉽게 헤어질 수 없는 이유가 바로 여기에 있다. 서로의 존재가 너무나 자연스러워 없으면 이상하리만큼 허전하다. 그들 사이가 뜨겁지 않아도 더욱 견고한 이유다.

내겐 별이 그렇다. 오랜 시간 함께했던 별은 이제 그다지 뜨겁지 않다. 어린 날, 처음 망원경을 들여다보며 세상을 다 얻은 것만 같던 설렘은 없다. 더는 보물 같은 망원경을 보며 먹지 않아도 배부르다고 흐뭇해하지도 않는다. 하지만 괜찮다. 별은 내 삶의 일부가 되었고, 미온하지만 별의 존재가 너무도 자연스러워 없으면 이상하리만큼 허전하다. 뜨겁지 않아도 행복을 느낄 수 있다. 마치 오래된 연인처럼 때론 뜨겁게, 때론 덤덤하게.

2017년 9월 22일 무언가 뜨끔하다

아주 어릴 때 〈콘택트〉라는 영화를 수십 번 봤다. 별에 푹 빠져 기어코 천문학자가 되는 주인공이 부러웠다. 영화 속 어린 주인공은 아주 초보적인 무선 통신을 즐기곤 했는데 영화를 본 어린시절의 나도 무언가를 해야 할 것만 같아 괜히 라디오를 만지작거렸다. 물론 아무 소득도 없었다.

"야, 오늘 별 보러 갈래?"
"별? 무슨 별?"

다른 천문대에서 일하는 막역한 친구가 강원도 수피령행을 권했다. 별을 보러 가자며, 귀한 휴식 시간을 쓰자고 했다. 나는 말 대신 침묵으로 답했다. 이내 친구가 말했다.

"쉬는데 미안."

어디서 들은 이야긴데, 작가 네 명이 모여 식사를 하던 자리에서 누군가 "최근에 나온 S의 소설 참 괜찮지 않나요?" 하고 물었단다. 그러자 그중 한 사람이 "밥 먹는데 일 얘기하지 맙시다."라고 했다나 뭐라나.

막 전역한 군인들은 자신이 머물던 부대 쪽으로는 침도 뱉지 않겠다 말하고, 회사원들은 일요일 저녁이 다가오면 급 우울해진다.

그러니 쉬는 날 별을 보러 가자는 요구를 거절하는 것도 무리는 아닐 테다. 그래도 무언가 뜨끔하다.

〈콘택트〉를 보며 라디오를 만지작거리던 꼬마 아이는, 매일같이 초록 레이저를 쏘아 대며 별을 보는 총각이 되었다. 우연히 친구의 전화를 받고 떠올렸다. 나의 어릴 적 낭만과 순정, 도대체 어디로 간 게냐.

플레이아데스성단(좀생이별/칠공주별/M45) ⓒ의왕어린이천문대 신정욱

15

밤에 일하는 사람들

꿈은 낮에 이루어진다

몇 시에 집에 가세요?

"쌤, 쌤은 몇 시에 집에 가세요?" 밤 11시, 수업이 끝나고 천문대를 나서는 아이들은 곧잘 이렇게 질문하곤 한다. 보통 10시에 잠자리에 드는 아이들에게는 밤 11시까지 '으랏차차' 에너지가 넘치는 선생님들이 여간 신기한 게 아닌가 보다. 그러다가도 "쌤은 12시에 집에 가. 집에 도착하면 새벽 1시야!"라고 하면 '으엑?' 하고 알 수 없는 소리를 내며 도리어 불쌍하다는 눈길을 보낸다. '저 선생님들은 참 힘든 삶을 사는구나….' 하고 안쓰럽게 생각하는 것 같다.

그렇게 내 힘든 삶(?)을 알게 된 아이들은 다음 수업 때부터 태도가 달라진다. 쉬는 시간에 슬쩍 간식을 갖다 놓거나, 수업 시간에 떠드는 아이들에게 직접 잔소리를 하기도 한다. "야! 조용히 해! 너 때문에 선생님 더 힘들잖아!" (난 별로 안 힘든데….)

어쨌거나 아이들의 아름다운 호의는 내치지 않고 그저 감사히 받는다. 아이들의 순수함이 보기 좋아서이기도 하고, 누군가에게 사랑받고 있다는 느낌이 좋아서이기도 하다. 늦은 퇴근을 이리도 신경 써 주다니…. 그 감사함을 받고 나면, 미안함이 한 아름 담긴 한마디가 입가에 맴돈다.

'너희들은 등교가 9시지? 쌤은 출근이 오후 3시야….'

백수처럼 보여도 괜찮아

자주 가는 집 근처 헬스장 트레이너가 "지금이니 하는 말이지만, 고객님이 처음 헬스장에 왔을 때 많이 걱정했답니다." 하고 고백하듯 털어놓았다. 무슨 얘긴가 했더니, 내가 이상한 사람은 아닌지 걱정했다는 것이다. "예에? 제가 이상해 보였다고요?" 하고 물으니, "네에." 하고 송곳 같은 정직한 대답이 돌아왔다.

그때까지 전혀 생각해 본 적이 없었지만, 듣고 보니 그런 것 같기도 하다. 20대 후반의 멀끔한 남자가 머리에 까치집을 지은 채로 매일 오전 10시에 헬스장에 온다. 게다가 아줌마들과 잘도 섞여 스피닝이나 그룹 운동을 한다. 그것도 깔깔대고 수다를 떨면서. "아무리 봐도 직장인 같은데, 매일 오전이나 점심에 운동을 오시니 백수인가 싶기도 했어요. 도대체 무슨 일을 하시는지 궁금했습니다." 하고 그가 입을 열었다. "천문대에서 일합니다. 오후 출근이라 낮에 늘 운동하러 오지요." 하고 답하니 "아~!" 하고 민망할 정도로 크게 탄성을 질렀다. 그러고는 초롱초롱한 눈빛으로 "별을 보시는 분이라 원래 서글서글하신가 봐요. 아주머니들이랑 친하시던데." 하고 재차 물었다. "천문대에 어머님들이 많이 오셔서요…."하고 자초지종을 이야기하니, 그는 이제야 퍼즐이 맞춰진다며 아이처럼 좋아했다. 나는 그날 누군가의 상상 속에서 그렇게 신분이 상승했다. 그러고 보니 내가 운동하는 시간엔 늘 아줌마들이 가득했다. 가끔은 몸 좋은 할아버지들도 계셨다. 서로에게 무관심한 삭막한 공간에서도, 이른(?) 아침 나타난 내게 '쯧쯧, 저 청년은 어쩌다가….' 하는 연민의 눈길을 보냈다. 그럴 때면 '머리는 감고 올걸.' 하고 머리 위 까치집에 화살을 돌렸건만, 까치집 때문이 아니라 사실은 백수 취급이었나 보다. 쩝. 동화가 쓰고 싶어 동화 작가 수업을 들을 때도 그랬다. 1년 과정에다 오전반이라 그런지 프리랜서나 주부들이 많았다. 20대는 고사하고 '남성'도 나 혼자였다.

나중에 안 사실이지만 그때도 함께 수업을 들은 아줌마들끼리 말이 많았단다. '뭐하는 청년인데 여기까지 흘렀을까?', '글을 쓰거나 예술적 감성이 있을 것 같진 않은데.' 하고. 천문대에서 일하는 걸 밝히기 전까지 그들에게 난 여지없는 백수였다. 나중에는 많이 친해져서 식사도 하고 별도 보여 드렸지만.

늘 받는 백수 취급이 낯설지 않다. 가끔은 편하기까지 하다. 괜히 친절하게 대해 주기도 하고, 이것저것 신경도 많이 써 준다. 안쓰러운 눈을 장착하긴 했지만, 아무렴 상관없다. 백수 취급을 당하는 덕분에 누군가의 기대를 충족해야 할 필요가 전혀 없다. 그저 원하는 것들을 묵묵히 할 수 있는 그 자유로움이 좋다. 낮 시간의 행복은, 가끔 '백수처럼 보일 때'에 있나 보다.

밤을 사는 사람들의 역사는 낮에 이루어진다

'오전을 잘 활용해야 사람답게 산다'는 말이 있다. 천문대에서 일하는 사람들 사이에 통용되는 명언이다. 밤을 사는 사람들이 오전을 그저 '잠'으로 보내면 하루에 남는 것이 하나도 없기 때문이다. 이렇게 되면 정말 별을 보면서도 별 볼 일 없는 삶이 될지 모른다. 이것이 백수 취급을 받으면서도 오전에 활동하는 이유다.

천문대는 별을 봐야 하기에 보통 출근이 늦다. 나의 경우 오후 3시가 출근 시간이다. 초등학생들이 하교를 하고, 누군가는 일을 마무리해 갈 때가 돼서야 출근을 한다. 〈한번은 출근 직전 커피를 사러 카페에 들렀는데 "일찍 퇴근하셨네요?"라고 묻기에 "이제 출근합니다." 하고 답하니 민망한 웃음을 지으며 "죄송해요." 라는 사과의 말이 돌아왔다.) 늦게 출근한다는 말은 곧 늦게 퇴근한다는 말과 같다. 내 퇴근시간은 12시다. 집에 오면 새벽 1시, 간단히 씻고 하루를 정리하다 보면 어느새 시계는 새벽 2시를 가리킨다. 여유로움을 즐기기엔 이미 깊은 밤이다. 그래서 밤에 일하는 사람들에게 출근 전 시간은 정말 중요하다. 하고 싶은 일을 할 수 있는 유일한 시간이기 때문이다.

춤을 배우고 싶어도 오전반에 참여해야 하고, 헬스나 운동도 모두 낮에 해야 한다. 강의를 듣거나 책을 읽는 것도 모두 '낮'의 일이다. 간혹 낮엔 하기 힘든 '와인 동호회' 같은 데 참여하고 싶을 땐 정말 안타깝다. 도저히 할 수가 없다. 원망스럽다. 낮에 여유로운 사람들은 와인에 관심이 없는 것인지, 낮 시간에 와인숍을 여는 것이 어려운 일이어서인지는 알 수 없다. 어쨌건 시간 때문에 하고 싶은 일을 포기해야 할 땐 이렇게 소리치고 싶다. "낮에도 즐기고 싶다고요!"

물론 반대 경우도 있다. 수영을 배우고 싶어서 수영장에 다닐 때였다. 오전 11시 수업이었는데, 시간대가 애매해서인지 경쟁률이 낮아 매달 새로 강좌를 신청할 때 여유롭게 할 수 있었다.

저녁반이었다면 물 반 사람 반이거나, 유명 TV프로그램의 방청권을 두고 다투듯 치열한 경쟁률을 뚫어야 강좌를 신청할 수 있었을 것이다. 낮 시간의 매력은 사람이 없다는 데에 있다. 덕분에 무언가는 모자라고, 무언가는 넘치게 하기도 한다.

밤을 사는 사람들에게 낮은 정말 중요하다. 치기 어린 열정으로 해 온 음반 작업이나 복싱 대회 참여도 내겐 수고로운 낮 시간의 열매였다. 동화 쓰기를 배우고, 수영을 익히고, 책을 쓰는 것도 모두 낮의 몫이었다. 천문대에서는 "역사는 밤에 이루어진다."고 한 누군가의 명언이 좀처럼 통하지 않는다. 밤을 사는 사람들의 역사는 '낮에' 이루어진다.

거절할 수 있어서 좋다

말이 나온 김에 밤 근무(?)의 장단점에 대해서 좀 더 이야기해 보자. 밤 근무가 좋은 이유 중 하나는 출근길이 한산하다는 것이다. 애매한(?) 출퇴근 시간 덕에 러시아워의 혼잡함을 겪지 않아도 된다. 보통 출퇴근 시간이었다면 한 시간 반은 걸릴 거리를 커피 한 잔을 사고도 40분 만에 주파할 때 행복을 느낀다. 커피를 좋아하고 운전을 싫어하는 내게는 이만한 장점이 없다. 세상에는 운전과 번잡한 도시를 몹시 좋아하는 사람이 있을 수도 있지만, 나는 그렇지 않다.

한 가지 더 밤 근무의 기쁨을 절실히 느끼는 순간은 자신 있게 "시간이 안 됩니다." 하고 거절할 때다. 예를 들면 "오늘 저녁에 술 한잔 어때?"라던가 "오늘 동호회 뒤풀이가 있는데 올 수 있지?" 하고 누군가 물어도 "죄송합니다, 퇴근이 12시라…." 한마디로 끝낼 수 있다.

만약 내가 일반 직장에 다녔다면, 그렇게 간단히 안 된다고 거절할 수 없었을 것이다. 컨디션이 좋지 않거나 집에 가서 쉬고 싶은 마음이 굴뚝같아도 나를 찾아 준 누군가의 마음에 상처를 내지 않는 게 미덕이니까. 완곡하게 거절하기 위해 애쓰지 않아도 된다는 것은 여러모로 편리하다.

심지어 "아, 제 퇴근이 12시라 도착하면 1시쯤 되는데 괜찮으시 겠어요?" 하면 으레 겁을 먹고는 "아… 그러면 다음에 보지요." 하고 쓱 꼬리를 내린다. 많은 사람과 많은 시간을 보내는 게 나쁜 일은 아니지만, 혼자만의 시간이 꼭 필요한 내게는 늦은 퇴근이 참 유용하다. 물론 반대로 꼭 만나고 싶은 사람을 못 만나는 경우도 있지만.

오후 출근의 단점과 장점은 마치 연애의 과정과 같달까. 처음에는 장점이었던 것들이 나중에 단점이 되고, 반대로 처음에 단점이었던 것들이 장점이 되기도 한다. 꼭 나쁘다고 할 건 아니다. 모든 일에는 양면성이 있기 때문이다. 이 연애 같은 출근 시간이 좋은 건, 연애의 밀당처럼 끊임없이 요동치기 때문이 아닐까?

낮 회식을 아시나요?

밤 근무의 한 가지 안 좋은 점을 고르라면 확실히 있다. 일이 끝나고 허기를 만족스럽게 채울 수가 없다는 것이다. 천문대가 시골에 있는 탓에, 밤 12시에 퇴근을 하고 나면 문을 연 곳이라고 해봐야 꼬치집과 치킨집 단 두 곳이다. 번화가까지 차를 타고 나가도 상황은 마찬가지다. 가끔 삼겹살집이라도 열려 있으면 서울에서 진짜 '김서방'을 찾은 것처럼 반갑다.

천문대엔 한 달에 한 번 일찍 출근하는 날이 있다. 오후 3시가 정규 출근 시간이지만 이날만큼은 무려 두 시간이나 일찍 모인다. 그것도 매우 밝은 표정으로. 이른 출근을 이토록 즐겁게 만든 것은 무엇일까?

바로 회식 때문이다. 질 낮은 밤 회식을 하느니, 한 달에 한 번이라도 낮 회식을 하는 게 낫겠다고 의견이 모였다. 모두 흔쾌히 자신의 두 시간을 써 가며 회식을 하는 것이다. 회식 장소는 보통 직원들이 정하는데, 이 때문에 회식 전날은 100분 토론을 방불케 하는 진풍경이 펼쳐진다.

"봄이 다가오고 있긴 하지만, 아직 찬바람이 시베리아 기류를 통해 넘어오고 있습니다. 아직 신선한 회를 얹은 초밥의 계절이란 뜻이지요. 일식집으로 가시지요."
"어허, 국제 정서와 민족 감정을 생각해 볼 때, 일식집은 시기상조가 아닐까요? 대통합을 이뤄야 하는 이 시점에 모두의 기호를 맞추려면 아무래도 뷔페가 제격인 듯 하오만."
"쯧쯧쯧, 뭘 모르시는 말씀. 자고로 인간의 몸은 늘 계절의 영향을 받습니다. 그 계절의 기운을 담은 음식을 먹어야 자연의 섭리에 마땅한 것이지요. 그러므로 봄철에 어울리는 중국 음식으로 가시지요."

천문학을 전공한 여섯 사람이 모여 말도 안 되는 논리로 토론을 시작하지만, 결론은 언제나 비슷하다. "야 그럼 그냥 중간 지점에서 만나서 먹자!"며 노원구나 중랑구 쪽에 식당을 잡는 것이다. 하루 전에 회식 장소와 메뉴를 정하는 것도 꽤나 즐거운 일이다.

낮 회식의 장점은 생각보다 많다. 출근 전 회식이라 술을 마시지 않으므로 '해 뜰 때까지 마셔!' 따위의 무리한 구호가 등장할

리 만무하다. 그저 정갈하고 맛난 식사를 따뜻한 햇살과 함께 즐길 뿐이다. 초록빛 기운이 땅에 찾아올 때, 카페테라스에 둘러앉아 커피를 마시며 웃음꽃을 피우는 '커피 타임'도 회식의 일부다.

물론 낮 회식에도 단점은 있다. 천문대 수업 일정상 저녁밥을 오후 5시 정도에 먹는데, 낮 회식을 하는 날엔 배가 불러 보통 저녁은 거른다. 그러면 퇴근할 때 쯤 매우 배가 고프다는 것 정도. 하지만 일하는 동료들과 함께 느끼는 배고픔은 그럭저럭 참아진다.

쌤은 낮에 일 안 하시잖아요

산 깊숙이 자리한 천문대는 지하수를 사용한다. 그런데 오늘 쿨럭쿨럭 하는 소리와 함께 지하수를 끌어올리는 모터가 작동을 멈췄다. 모터가 돌지 않으면 천문대는 곧장 단수가 된다. 화장실도, 정수기도 사용 불가다.

허나, 죽으란 법은 없다. 사실 난 '모터 집' 아들이다. 어깨너머로 배운 게 좀 있다고 두 시간 동안 모터와 씨름한 끝에 다행히 문제를 해결했다. 천문대에는 물이 나오기 시작했고, 대장님의 어두운 얼굴도 다시 밝아졌다.

그런데 그 두 시간이 뭐라고, 오랫만에 내리쬔 햇살에 얼굴이 새까맣게 타버렸다. 두 시간 동안 고개를 들고 있었던 것도 아닌데, 마치 여름휴가를 다녀온 것처럼 새카매졌다. 하… 싫다.(사실 난 워낙 잘 타서 까만 얼굴에 콤플렉스가 있다.) 아니나 다를까, 다음 날 수업을 온 학생의 어머님께서 날 보더니 화들짝 놀라며 물었다.

> 어머님 선생님, 어디 여행 다녀오셨어요?
> 쪼쪼쌤 네? 왜요?
> 어머님 아니, 정말 새까맣게 타셔서요!
> 쪼쪼쌤 아~ 일하다가 좀 탔네요~
> 어머님 일이요? 선생님 낮엔 일 안 하시잖아요. 별 보시는 분이….
> 쪼쪼쌤 아… 그게….

어머니들은 우리가 낮에는 일을 안 하는 줄 아신다. 아이들 수업이 늘 저녁에 진행되어서 그런가 보다. 딱히 부정하기도 그래서 그냥 에둘러 얘기했다.

"태양 관측을 하다가요."

"아~ 그러셨구나." 어머니는 고개를 끄덕였고, 차마 모터를 고치다 까맣게 탔다고 말할 수가 없었던 나는 고개를 숙였다.

16

하루 밀린 주말

나의 주말은 일요일, 월요일

별은 늦은 시간에 뜨기에 천문대는 찾는 사람들은 보통 주말에 오길 원한다. 그중에서도 금요일과 토요일을 가장 선호한다. 그래서 금요일, 토요일에 수업이 가장 많다. 자연스럽게 천문대의 휴일은 일요일과 월요일이 되었다. 아이들에게 별을 보여 주기 위해 우리의 주말은 하루씩 미뤄졌다.

고작 하루 차이인데 누군가를 만나는 것이 참 힘들다. 친구도, 친척도, 가족도 어렵다. 금요일도 토요일도 밤 12시까지 일하기 때문에 흔히 말하는 불금, 불토는 다른 세상 이야기다. 누군가를 만날 수 있는 시간은 일요일뿐이다.

"일요일 날 어때?"

"일요일? 아 일요일은 조금 부담스러운데…."

일요일은 모두에게 부담스러운 날이다. 다음날이 월요일이니 아무래도 그럴 수밖에. 금, 토를 전투적으로 논 사람들에게 일요일은 휴식의 시간이다. 방도 좀 치워야 하고, 밀린 커피도 좀 마셔야 한다. 가만히 소파에 앉아 이틀간 열정적으로 소모한 체력을 충전하는 시간이 일요일이다. 그 시간에 놀자고 말할 수밖에 없어서 미안한 마음이 절로 든다. 그러면 나는 잠깐 눈치를 보며 말한다.

"점심만 잠깐 먹을까…?"

천문대에 입사하겠다고 처음 말했을 때, 부모님은 어리둥절한 표정을 지으셨다. 천문학자가 되겠다던 아이들이 갑자기 취직을 하겠다니 무슨 영문인가 싶으셨던 것이다. 학비 걱정이나 단순한 호기심 때문에 취직하는 것이라면 그만두기를 원하셨다. 부모님의

"왜?"라는 질문에 나는 적절히 대답하지 못했다. "이 일을 하면 더 행복할 것 같아요." 하고 말하지 못했다. 대신 "걱정 마세요. 잘 할게요."라고 얼버무렸다. 이처럼 천문대 일은 가족에게 그다지 환영받지 못하고 시작한 일이었다.

그런데 일을 하면서 여러 일로 가족에게 전화를 받았다. 갖가지 경조사가 있으니 주말에 참석하라는 것이었다. 가족의 주말은 금요일 밤부터 시작되었다. 하지만 나의 평일은 토요일 밤 12시가 되어야 종료되었다.

아이들이 가장 많이 찾는 금요일, 토요일은 천문대를 비울 수 없으니 일요일이 되면 바로 가겠다고 했다. 가족은 잠시 말이 없었다. 그러다가 한숨을 쉬면서 그렇게 하라고 했다. 실망이 섞였는지 원망이 섞였는지는 알 수 없다. 그렇게 몇 년은 가족들의 큰일과 멀어졌다. 일상은 한없이 평온하다가도 말 몇 마디에 금세 어색해졌다.

어느 평범한 금요일. 누나에게 급한 전화가 왔다. 열한 살 차이 나는 늦둥이 동생이 자전거를 타고 가다가 차에 치여 병원에 입원했다는 것이었다. 심각한 상황은 아닌 것 같으나 자세한 건 잘 모르겠으니 빨리 가 보자고 했다. 그런데 그날은 수업이 두 개나 있는 날이었다. 심지어 다음 날도 마찬가지였다. 금요일, 토요일이라 수업이 많았다. 그래서 일요일이 되는 대로 바로 가겠다고 말했다. 누나는 그날도 잠시 말이 없었다. 그러고는 그저 그러라고 했다.

그날 내게 수업을 들은 아이들은 모두 웃으며 돌아갔다. 다들 발걸음이 가벼워 보였지만, 정작 나는 시간이 어떻게 갔는지 별로 기억이 없다. 혹시나 하는 불안감에 정신이 없던 탓이다. 늘 하던

대로, 아이들을 웃겨 가며 수업을 했지만 요즘 말로 영혼이 없었다. 학생들이나 동생, 누구에게도 떳떳하지 못한 순간이었다.

"원대(동생)는요?"

"천만다행이야. 그 큰 트럭이 쳐서 애가 붕 날랐는데도 별 탈이 없다는구나."

"진짜요?"

"응, 다만 자전거는 박살이 나 버렸지."

간신히 연락이 닿은 아버지는 다행히 동생이 무탈하다고 했다. 천만다행이라며, 아들을 새로 얻었다며 하늘에 감사했다. 아버지가 보내온 자전거 사진은 말 그대로 처참했다. 살아 있는 게 용할 정도였다. 나는 동생에게 곧장 전화를 걸었다.

어수룩한 고3 동생의 '여보세요' 소리에 다짜고짜 소리쳤다. "살아 줘서 고맙다 동생아. 공부고 나발이고 건강해서 고맙다." 마음 한 구석엔 여전히 미안함이 휘몰아쳤다.

이번에도 나는 가족과 함께하지 못했다.

그리고 보면 인생의 중요한 결정을 두고 가족과 상의한 적이 별로 없다. "집에 별일 없어요?" 하고 습관처럼 물으면서도 정작 나의 중요한 일은 홀로 결정했다. 천문학자의 꿈을 접을 때도 "공부를 그만할까 하는데, 괜찮을까요?"가 아니라 "천문학자는 하지 않을래요."라고 말했다. 부모님은 언제나 나의 결정을 존중해 주었지만, 만약 그러지 않았더라도 달라질 건 없었다.

나는 "알아서 잘 할게요." 하고 자주 말했다. 나 자신의 인생은 온전히 스스로 감당해야 한다고 믿었기 때문이다. 하지만 그런 나의 태도는 뭔가 가족을 등지는 것 같았다. 지금껏 도움을 받고 살아 놓고는 누구의 말도 듣지 않고 있었다. 가족에게 조금씩 소홀해져 가는 내 모습에 혼란스러웠다. 그렇게 '가족'에 대해 더 깊이 생각하게 되었다.

이듬해 고향을 찾았을 때, 아버지는 일을 그만두면 안 되겠냐고 물으셨다. 그래서 나는 이 일이 무척 즐겁다고, 돈보다 행복을 버는 일이라고 대답했다. 그리고 내가 생각하는 미래의 비전을 말씀드렸다. 아버지는 잠시 말이 없다가, "모든 게 계획대로 대는 법은 없다. 허나 젊으니 더 부딪쳐 보거라." 하셨다. "늙어서도 부딪치면 안 될까요?"라고 대꾸하자 아버지는 웃음을 터뜨리고는 무심한 듯 애정을 담아 말씀하셨다.

"니 맘대로 해, 이눔 시끼야."

2017년 11월 21일 미안한 일요일 데이트

오늘은 여자친구의 얼굴이 조금 서운해 보였다. 피곤해 보인다는 말이 더 적당할 것이다. 토요일까지 일을 하는 나의 일정 때문에 우리는 늘 일요일에 만난다. 일요일에만 가능한 데이트는 평화로운 관계에도 불협화음을 만들어 낸다.

한 주의 끝과 시작의 경계에서 마주한 그녀는 종종 삐죽하다. 휴일의 마침표를 찍고 싶지 않아서다. 어쩌다 보니 나의 등장은 개그 콘서트의 엔딩 음악이 되었다. 꿈 같은 휴식의 끝은 가을 햇살보다 눈부신 얼굴에도 그늘을 만들었다.

"휴일의 끝을 늘 즐겁게 만들어 줄게."

그러고 보면 나는 약속을 지키지 못했다. 그녀에게 일요일을 즐거운 날로 만들어 주겠노라고 말했다. 그녀에게 처음 마음을 고백하며 맺은 기약이었으니, 첫 약속인 셈이다. 누군가를 만나는 일에도 나의 주말은 제약이 되었다.

세상엔 삼교대로 근무하며 만나는 사람도 있고, 아주 멀리 떨어져 장거리 연애를 하는 커플도 있다. 하지만 연애는 저마다의 사정이 가장 귀중하고 애달프다. 그래서 나는 그녀에게 오늘도 미안하다. 그럼에도 아낌없이 일요일을 비워 놓는 그녀가 늘 고맙다.

17

먼 거리에
매인 사람들

함께 가야 갈 수 있는 곳

 천문대는 대게 구석진 곳에 있다. 불빛을 피하기 위해서다. 접근성 때문에 도시에 있는 경우도 있지만, 관측을 위해선 도시의 빛을 피해 산속이나 사람이 거의 살지 않는 외진 곳에 짓는 것이 대부분이다. 밤을 밝힌 인간의 위대한 발명품은 구름보다 짙게 별빛을 막는다.

 내가 일하는 천문대는 특히나 깊숙한 곳에 있다. 지하철은 물론 버스도 다니지 않는다. 가장 가까운 버스 정류장부터 천문대까지는 걸어서 한 시간이나 걸린다. 택시마저도 가기를 꺼린다. 돌아오는 길은 여지없이 빈 차일 것이기 때문이다. 접근성과 영 거리가 먼 천문대는 차가 있어야만 방문할 수 있다. 이쯤 되니 방문객은 그렇다 치고 직원들이 출근하기도 쉽지 않다.

 함께 일하는 S는 대학을 갓 졸업하고 천문대에 입사했다. 보통의 사회 초년생처럼 S도 차가 없었다. 회사가 마련해 준 숙소가 있었지만 거기서부터도 걸어서 한 시간이 걸린다. 출근을 하려면 방법을 강구해야 한다.

 "저 좀 잡아가 주세요!"

 S가 택한 방법은 카풀이었다. 차로 출근하는 누군가에게 픽업을 요청하는 것이다. 그런데 S가 사용하는 언어가 새롭다. 태워 달라는 것도 아니고 잡아가 달라니. 그도 그럴 것이, 누군가의 배려가 있어야만 회사에 갈 수 있었던 것이다. 그러나 배려를 강요할 수는 없다. 잡아 가라는 S의 한마디는 그렇게라도 출근을 시켜 달라는 호소에 가깝다. 그래서 S는 매일 누군가에게 잡힌다. 동행이라는 것은 공간의 공유이자 시간의 제약이다. 단순히 가는 길에 한 명

태워 가는 일이 아니다. 만나는 시간을 맞춰야 하고 경로도 새로 조정해야 한다. 평소라면 마구 짐이 쌓여 있을 조수석을 청소하고, 갑자기 도로가 막히기라도 하면 식은땀이 쏟아진다. 여유롭게 커피 한 잔을 하던 시간은 동행인을 기다리는 비상등 소리로 채워지고, 홀로 목청껏 부르던 노래는 "밥은 먹었어?"와 같은 상투적인 대화로 바뀐다. 누군가는 매일 배려를 베풀고, 누군가는 그 희생에 감사한다. 자신의 시간과 공간을 아낌없이 내어 주는 출근길이다.

  내가 처음 일을 할 때도 마찬가지였다. 나 역시 대학을 갓 졸업한 후였다. 차가 있을 리 만무했기에 직장 상사와 카풀을 해서 천문대에 출근하곤 했다. 사람들은 직장 상사와 카풀하는 게 얼마나 힘들겠냐며 위로했다. 나는 교통비도 아끼고, 운전을 하지 않아도 돼서 그만한 호사가 없다고 생각했는데 누군가에겐 매우 불편한 시간으로 비쳤나 보다. 지금 돌이켜 보면 주변에서 걱정한 것은 내가 아니라 그 상사였는지도 모르겠다.

따뜻한 밥 한 끼는 저 멀리

  천문대는 누군가 동행해야 하는 거리에 있다. 어찌어찌 출근을 하더라도 불편함이 끝난 것은 아니다. 주변에 편의 시설이 전무하다. 은행이나 병원은 고사하고 그 흔한 편의점도 없다. 논과 밭, 소와 개들만이 천문대 주위를 늠름히 지킨다. "이리로 가는 게 맞나요?" 그래서인지 종종 전화를 받는다. 네비게이션의 안내에 따라 천문대에 오면서도 "이 길이 맞는 거죠?" 하고 재차 확인을 하는 것이다. 별을 보러 가는 길이라지만 지나는 길에 보이는 것이라곤

군부대와 논밭뿐이다 보니 불안할 법도 하다. 한번은 별이 보고 싶다던 친구를 초대했더니 오자마자 한다는 소리가 "이야, 진짜 고생이 많다. 이런 깊숙한 곳에도 찻길이 나 있네!"였다. "천문대는 원래 이런 데에 있어. 그래야 별이 잘 보이지."라고 해도 "그래도 이건 좀⋯."이라던 친구였다. 밤송이보다 가득한 별빛 한 방에 입을 닫긴 했지만, 은근히 신경이 쓰였다. 괜히 불렀나 싶기도 하다.

"근데 배가 좀 고프네. 먹을 것 좀 있냐?"

"없어"

"그럼 뭐 좀 시켜 먹을까?"

"뭘 시켜 먹자고?"

클릭 몇 번이면 어떤 음식이던 코앞까지 배달해 주는 시대다. 통계 자료에 따르면 전 세계의 맥도널드 매장보다 한국의 치킨집이 더 많단다. 하지만 3만 5천여 개에 달하는 그 어떤 치킨집도 천문대까지 배달해 주지 않는다. 갑작스럽게 닥친 허기와 맞설 수 있는 방법은 오로지 차를 끌고 나가는 것뿐이다. 그래서 보통 저녁 식사는 외부에서 해결하는데, 가는데도 오는데도 아까운 시간이 든다. 한번은 시간도 없고, 밥을 사러 나가기도 매우 애매해서 혹시나 하고 중국집에 전화를 걸었다. 아주 공손하고 죄송스러운 목소리가 전화기를 타고 건넜다.

"저희 짜장면 좀⋯ 배달해 주실 수 있나요?"

"어디신데요?"

"용암리에 있는 어린이천문대요⋯."

"아⋯ 네, 알겠습니다." 의외로 싱거웠다. 평소에 자주 가던 곳이라 그런지 흔쾌히 배달을 해 주신단다. 그럼에도 나는 '아⋯'라는 첫마디가 무척이나 신경 쓰였다. 저 사람의 '아'는 어떤 '아'일까. 자신이 아는 위치여서 나온 감탄사일까, 아니면 '그런 곳에서 주문을 하다니…'라는 생각에서 나온 탄식일까 .

조금 찜찜한 기분이 들었지만 어찌 되었건 배달 주문에 성공한 것이었다. 우리는 모두 쾌재를 불렀다. '이제 밥 먹으러 저 멀리 나가지 않아도 되겠구나!' 만세를 외쳤다. 밥을 먹으러 왕복하는 시간만 해도 30분은 걸리니 바꾸어 말하면 30분의 휴식을 얻은 셈이었다. 모두 싱글벙글 웃으며 희망찬 미래를 기대했다. 30분 뒤, 싱글벙글하던 얼굴들은 돌하르방처럼 굳어 버렸다. 돌처럼 딱딱해진 짜장면과 마주한 후였다. 마을에서 천문대까지의 거리는 탱탱한 면발이 흡사 떡으로 변신하도록 만들었다. 짜장 소스 대신 부러진 젓가락이 면과 섞였고, 짬뽕은 온기와 함께 맛도 잃었다. 게다가 짜장면이 배달된 그릇은 일회용 스티로폼 그릇이었다. 그릇을 찾으러 오지 않겠다는 단호한 의지였다. 스트로폼 용기 위로 쿠폰 네 장이 보였다. 재방문을 기피하는 스티로폼과, 재주문을 요구하는 쿠폰이 묘하게 어울렸다.

허탈하게 그 조합을 바라보다가, '그래도 챙겨야지.' 싶어 조심스레 쿠폰을 챙겼지만 잠시뿐이었다. 벽돌로 써도 좋을 만큼 단단한 짜장면 한 입에 곧장 쓰레기통으로 던져진 것이다. 짜장면 벽돌 사건은 따뜻한 밥 한 끼를 갈망한 여섯 젊은이를 아프게 실망시켰다. 그날 이후 그 누구도 쉽사리 "짜장면 드실래요?"라고 하지 않았다. 종종 볶음밥 정도만 탐험적으로 맛볼 뿐이었다. 모든 것이 완벽한 회사는 없다. 다만 누군가와 동행해야 닿을 수 있는 먼 거리는 따뜻한 밥 한 끼와도 멀다는 그 당연한 사실에 조금 슬퍼졌을 뿐이다.

2017년 11월 21일 야식의 생활화

띵똥 하는 소리와 함께 사진 두 장이 핸드폰에 도착했다. 함께 사는 후배 K였다. 사진 속에는 보름달보다 동그란 피자 한 판과 태양보다 눈부신 치킨이 영롱한 자태를 뽐내고 있었다. 사진 아래에 후배의 메시지가 달려 있었다.

"형, 빨리 와요!"

그는 언제나 이런 식이다. 고향의 어머니처럼 무언갈 먹이지 못해서 안달이다. 특히나 다이어트를 할 때는 더 그렇다.

오늘 우연히 앉은 채로 배를 내려다 봤는데 선명한 복근 대신 아주 예쁜 뱃살이 자리해 있었다. 퇴근이 늦다 보니 매일같이 야식을 먹은 탓이었다. '이제 곧 여름인데….' 고개를 저었다. 다이어트가 필요했다. 오늘은 정말 아무것도 먹지 말아야겠다고 다짐했다. 정말 다이어트가 필요했다. 결연한 의지를 K에게 피력하고 있을 때 함께 사는 또 다른 동생 D가 물었다.

"형 다이어트 시작했어요? 저돈데!"

"오, 진짜? 형 뛰러 갈 건데, 같이 갈래?"

후배 D의 배는 산달에 가까운 임산부 같았고, 뒤에서 보면 튜브를 착용한 아이 같았다. 그 작은(?)오해를 풀겠다며 그는 다이어트를 결심했다.

시커먼 남자 둘이 신발장 옆에 털썩 앉았다. 형광색 러닝화와 검은색 운동화가 각자 주인의 발을 찾아갈 때, 알 수 없는 서늘함이 뒤통수에 꽂혔다. 후배 K였다. K는 묘하고 음흉한 미소를 짓고 있었는데 그 모습이 어쩐지 으스스해서 나와 D는 재빠르게 집에서 벗어났다.

평소보다 짧은 러닝 코스를 뛰고 돌아오는 길이었지만, D와 나는 눈을 마주치며 씩 웃었다. '하길 잘했다'는 의미였다. 짧게 뛰어도 누워 있는 것보단 훨씬 나을 터였다. 우리는 딱 5킬로미터를 채우고 돌아섰다. 헥헥 하는 숨소리가 계단을 지나 현관에 다다랐다. 지치고 허기져 기진맥진한 둘은 서둘러 현관문을 열었다. 문 너머로 K가 씩 웃고 서 있다. 뭐지? 기름진 향기가 코끝에 와 닿는다. 아뿔싸, 당했다. 아름답게 구워진 굴비 세 마리가 식탁에 놓여 있었고, 얼음장보다 차가운 캔 맥주가 그 옆에서 아름다운 자태를 뽐냈다. 굴비의 향은 치킨보다 향기로웠다. 나와 D는 꿀 같은 악마의 유혹에 감탄하며 앉았다. 그리고 웃으며 말했다.

"다이어트는 내일부터."

서울 매봉산 일주사진 ⓒ일산어린이천문대 소용

18

별 여행을 떠나다

부끄럽지 않으려고

오사카에서 바라본 금성

세 살 적 버릇은 아니지만 오래전부터 하늘을 보는 게 버릇이 되었다. 집 앞 슈퍼에 가면서도, 퇴근 후 집에 오면서도 별 뜻 없이 하늘을 쳐다본다. 관찰이라기보다는 습관에 가깝다. 가만히 그날, 그곳의 별을 헤아린다.

오사카에 갔을 때였다. 다른 천문대에서 일하는 친구 둘과 떠난 여행이었다. 사이좋게 호스텔에 도착했을 때 우리는 깜짝 놀랐다. 캔 맥주가 모두 공짜였기 때문이다. 냉장고 앞에 붙어 있는 'Free drink'라는 글귀를 봤을 때 우리는 고민했다. '공짜 음료입니다'라는 뜻인지, '자유롭게 드시고 돈을 내세요'인지 판단이 필요했다. 다른 게스트들이 제 가방에서 양말을 꺼내듯 맥주를 꺼내는 모습을 보고 나서야 비로소 생각했다. 이 호스텔은 오사카 최고의 호스텔이라고.

공짜 맥주 덕분에 호스텔 1층은 연일 파티장이 되었다. 북한의 군인보다 오와 열을 더 잘 맞춘 맥주들로 냉장고 두 칸이 빼곡히 채워져 있었고 이 보물들은 매일 밤 한 캔도 남김없이 사라졌다. 호스텔 주인은 매일 아침 울부짖었을지도 모른다. "한국인들은 맥주를 물처럼 마시는구나." 하고.

그곳에서도 종종 밤하늘을 올려다봤다. '여행 중엔 여행만 해야지!' 했건만, 반평생 함께 살아온 밤하늘은 그곳에서도 고개를 들게 했다.

오사카는 바다와 가까운 탓에 늘 구름이 끼고 흐렸다. 서울과 다를 바 없는 도심지라 광해(光害)도 엄청났다. 그럼에도 오사카에서 바라본 밤하늘은 아름다웠다. 달과 금성 덕분이다. 청청하게 굽은

초승달은 일본의 분위기와 잘 어울렸고, 달 위로 빛나는 금성은 마치 작게 핀 민들레 같았다.

밤하늘은 달라요.

직장(천문대)에서 본 달과 일본에서 본 달은 같다. 본질은 같다. 하지만 느낌은 확연히 다르다. "바다 색은 기분에 따라 다르게 보여요."라던 영화 〈시라노 연애 조작단〉 속 대사처럼 별도 그렇다. 그날의 감정과 기분이 밤하늘에 투영되기 때문이다. 맥주에 한껏 취한 상태에서 유난히 이뻐 보였을 수도 있고, 일본의 정취와 어우러진 달에 반했을 수도 있다. 오래간만에 떠난 여행이 달을 더욱 낭만적으로 보이게 했을 수도 있다. 여행지에 가면 꼭 밤하늘을 보는 이유가 바로 여기에 있다. 늘 보는 밤하늘이지만, 그곳에서만 느낄 수 있는 밤하늘이 있다. 그곳의 풍경과 밤하늘이 합쳐지는 순간, 땅 위의 풍경만 바라보던 여행이 더 큰 화면으로 다가온다.

우리는 여행을 하면서 색다른 음식을 먹기도 하지만, 색다른 음식을 먹기 위해 여행을 떠나기도 한다. 목적과 결과가 쉽게 바뀔 수 있는 것이다. 나의 경우, 별을 보는 것이 그랬다. 밤하늘을 보기 위해 '별 여행'을 떠났다.

아이의 질문에 캐나다로 떠났다

"쌤, 오로라 본 적 있으세요?"

가슴이 철렁했다. "너희는 밤하늘에서 꼭 보고 싶은 게 뭐니?"란 질문을 던졌을 뿐인데, 한 아이가 역공을 날렸다. 그러고는 환상적인 오로라 이야기를 기대한다는 눈빛을 발사했다. 맙소사, 오로라라니. 예능 프로그램인 〈꽃보다 청춘〉에서 보긴 봤는데….

이 정도 드문 일엔 당당해도 되련만, 애석하게도 그럴 수 없다. 아이들에게 천문학을 가르치는 선생님이기 때문이다. 적어도 밤하늘에 관해서는 빈틈이 없어야 하는데… 어쩐지 부끄러웠다.

그리고 8개월 뒤, 나는 세계 최대의 오로라 관측지인 캐나다 옐로나이프에 서 있었다. 캐나다 북쪽 끝에 위치한 오로라 관측지인 옐로나이프까지의 여정은 험난했다. 인천에서 밴쿠버, 밴쿠버에서 캘거리, 캘거리에서 옐로나이프까지, 세 번의 오랜 비행을 마치고 나니 어느새 노을이 지고 있었다. 땅 위로 간신히 매달린 태양이 붉은 석양을 하늘로 뿌리고 있었다.

"벌써 저녁인가? 얼른 저녁을 먹어야겠군."

감탄하고 있을 때가 아니었다. 체크인을 하고 저녁 장까지 보려면 시간이 빠듯했다. 조금씩 모습을 감추는 태양에 마음이 급했다. 누군가 "서두르죠!"라고 말하자, 모두의 시선이 공항 벽에 가엾이 걸려 있던 낡은 시계로 향했다. 순간 모두 눈이 휘둥그레졌다. 그리고 창 밖의 노을과 시계를 번갈아 확인했다. 시계는 고작 오후 1시를 가리키고 있었다.

오로라를 꼭 봐야만 하는 이유는 바로 이런 데 있다. 일차원적인 아름다움 외에도 특별한 점이 매우 많다. 오로라를 더욱 흥미롭게 만드는 세 가지 매력을 공개한다.

1. 낯선 세상과의 만남

오로라 관측지에서는 상식이 통하지 않는다. 당연하다고 생각하는 것들이 하나도 당연하지 않다. 오후 1시에 태양이 눈높이에 떠 있는가 하면, 북극여우가 엉덩이를 씰룩이며 거리를 누빈다. 기온은 영하 30도를 가볍게 밑돌고, 골목골목 나무들이 온통 크리스털처럼 반짝인다. 공기 중의 수분이 가지에 달라붙어 꽁꽁 언 탓이다.

보통 오로라 관측지는 이런 낯선 환경이다. 밤 12시가 되어도 여전히 밝은 '백야'나 아침 10시는 되어야 해가 뜨는 '극야'도 모두 오로라 관측지에서 만날 수 있다. 그 어떤 것도 당연하지 않은 곳에서 새로움을 만나는 순간 당신은 동화 속 주인공이 된다.

2. 기다리며 쌓는 즐거움

이곳 옐로나이프에는 사람보다 호수의 수가 더 많다. 거미줄처럼 퍼져 있는 2만여 개의 호수가 겨울 내내 꽁꽁 얼어있다. 얼음장 같은 호수 위에서 '님(오로라)'을 기다리고 있자면 마음이 한층 간절해진다.

처음 '오로라 헌팅'을 갔을 때, 하늘엔 별 대신 구름이 가득했다. 구름을 좋아한 적은 도통 없지만, 그날따라 그렇게 원망스러울 수가 없었다. 저 구름 뒤에 오로라가 있을까? 구름이 없어지긴 할까? 답이 없는 질문들 사이로 거센 추위가 지나갔다. 구름이 비켜나길 기다리며 한기와 맞섰다.

'얼른 나타나라, 제발 좀 나타나라(얼어 죽기 전에…).'

영하 30도에서 핫팩은 '핫' 하지 않았고, 방한화는 방한되지 않았다. 자동차의 히터가 찬바람으로 변하는 곳에서의 기다림, 영원

같던 시간 뒤 나타난 오로라, 그 순간은 절대 잊을 수 없다. 대학에 원서를 내놓고 긴 기다림 끝에 받은 합격 통보 같은 최고의 행복이었다. 기다림의 마법이다.

쉽게 만날 수 없는 자연은 기다림 자체만으로도 의미가 있다. 가만히 기다리던 짝사랑이 더욱 순수하게 기억되는 것처럼.

3. '실물 깡패' 오로라

오로라 ⓒ울산어린이천문대 박배성

"오로라다!!"

어디선가 희미한 외침이 들렸다. 장전된 탄알처럼 자동차 밖으로 튀어 나갔다. 이 순간만은 우사인 볼트에 못지않았으리라. 밖으로 나와 고개를 드는 순간 머리가 멍해진다. 오로라다. 진짜 오로라. 사진 속에서 본 오로라와 실제로 만난 오로라는 느낌부터 달랐다. TV로만 보던 연예인을 실제로 본 느낌이랄까.

하늘이 온통 녹색의 찬란한 빛으로 가득 찼다. 정신없이 놀던 갯벌에 차오른 밀물처럼, 순식간에 녹색 빛이 범람했다. 녹색 빛은 주름진 녹색 커튼이 봄바람에 살랑이듯 춤추었다. 광활한 밤하늘은 오로라만의 단독 무대였다. 정지된 사진이 춤추는 오로라를 담을 순 없었다. 실물로만 즐길 수 있는 특권이었다. 거대한 빛 구름을 눈에 담은 순간 생각했다. 나는 세상에서 가장 행복하다고. 영하 30도 아래에서도 심장은 누구보다 뜨겁다고.

그렇게 직접 오로라와 마주한 후, 아이들에게 전해지는 오로라 이야기는 전과 차원이 달랐다. 아이들은 생생한 오로라 이야기에 눈빛을 밝혔고, 깊어진 호기심과 관심은 또 다른 세상이 되었다. 아이들이 새로움을 상상하며 미소를 띠었다. 그리고 그게 나의 행복이었다. 오로라를 경험한 지금에서야 확실히 말할 수 있다. 오로라를 본다는 것은 무언가를 본다는 것 그 이상이라고.

개기 월식 ⓒ의왕어린이천문대 양회찬

19

미국 '개기 일식', 그 짜릿한 체험

'일식병'에 걸려 버린 것 같다

"개기 일식이야! 그것도 미국에서!"

우리는 동시에 소리쳤다. 이어 우 대장님이 말했다.

"우리나라에서 개기 일식을 보려면 2035년까지 기다려야 한다고. 이번 기회를 놓치면 또 언제 개기 일식을 볼 수 있을지 장담하기 어려워!" 사실이었다. 개기 일식은 세계 어딘가에서 4년에 세 번꼴로 일어난다. 다만 지구의 70퍼센트가 바다이므로 대부분 대양에서 관측되며 비행기와 차 같은 운송 수단을 이용해 현실적으로 갈 수 있는 곳에서 개기 일식을 볼 기회는 흔치 않다. 특히나 북미처럼 큰 대륙을 관통하며 개기 일식이 펼쳐지는 기회는 좀처럼 오지 않는다. 더구나 미국은 여행하기도 편한 곳이니 이런 매혹적인 기회를 어찌 놓칠까. 미국으로 모든 직원이 함께 떠나기로 결정하는 데 걸린 시간은 5분이 채 되지 않았다.

미국에 전 세계의 천문 팬들이 몰려든다는 말은 과연 과장이 아니었다. "모든 길이 다 막힐 것"이라던 기사의 예측이 점점 현실로 다가오고 있었다. 비행기에서 내려 일식 장소로 가는 내내 모든 전광판에는 같은 안내 문구가 번쩍이고 있었다. '내일 오전 일식, 극심한 정체'. 1년을 준비해 떠난 여행이 비로소 실감 나기 시작했다. 길 위의 모든 사람이 하나의 목표를 향해 긴 여정 중이었다.

그것은 전 세계를 열광시킨 스포츠 스타나 연예인이 아니었다. 한 편의 연극이었다. 주인공은 존재감을 자랑하던 태양이고, 그의 역할은 가려지는것이었다. 그것도 수백 년 만에 비로소 같은 극장에 다시 올라온 한정판 연극!

개기 일식은 여러 가지 운이 받쳐 줘야 볼 수 있다. 비나 눈은 물론이고 구름만 끼어도 볼 수 없다. 태양을 가릴 만한 산이나 빌딩도 없어야 하고, 시간도 정확히 맞아야 한다. 인파가 몰릴 것으로 예상되는 경우 사고를 막기 위해 도로와 교통을 통제하기도 한다. 지독하게 운이 없는 사람은 대여섯 번, 그러니까 십수 년 동안 일식을 쫓아다녀도 보지 못한다고 한다.

개기 일식 진행 과정 ⓒ판교어린이천문대 신용운

세상에는 '일식병'에 걸린 사람이 생각보다 많다. 개기 일식이 있을 때면 세계 어디든 달려간다. 바다든, 아프리카든, 분쟁지역이든. 대개는 편하게 짜여진 일식 투어에 참여하거나 여행을 겸해 떠나지만, 마니아들은 일식 관찰만을 위해 당일치기로 현지에 날아가기도 한다. 2009년에 중국에서 일식을 본 총대장님(어린이천문대 총책임자)은 일식을 보고 눈물을 흘렸다고 했다. 〈그날 느낀 감정은 '표현할 수 없는 아름다움'에서 온 것이라기보다 작은 생물로서 온전한 인격을 갖추는 체험에서 비롯된 것이라고 했다.〉 세계가 둘로 나누어졌다가 다시 합쳐져 비로소 우주 속 천체로 되돌아오는 것이다.

옆에 계신 우 대장님도 거들듯 말했다. "사람은 두 분류로 나뉜다. 일식을 본 자와 안 본 자." 일식은 체험이 아니라 변화였다. 빛의 소멸을 경험하는 것은 또 다른 탄생과 같다. 하지만 녹록지 않다. 본 자가 되기 위해선 돈, 시간, 운, 이 세 박자가 고루 맞아야 한다.

일식 관측을 위해 베이스캠프로 삼은 곳은 시애틀에서 남쪽으로 400킬로미터 정도 떨어진 세일럼이었다. 작은 슈퍼 몇 개만 간간이 보이는 시골 마을이었다. 자연의 비범함은 마을의 덩치와 상관이 없었다. 개기 일식은 현지 시간으로 오전 11시쯤 일어날 예정이었다.

일식 당일, 모두가 잠을 설쳤다. '극심한 정체'라고 쓰인 전광판이 떠올라 새벽 5시에 일어나 출발하기로 했건만, 긴장한 탓에 잠이 쉬이 들지 않았다. 밤새도록 뒤척이다 새벽이 되어서야 간신히 잠이 들었다. 어린 시절 '햄버거 게임'이라며 친구 네댓 명이 내 위에 포개졌을때와 같은 피로가 몸을 짓눌렀지만 새벽 4시에 눈이 떠졌다. 주변을 둘러보니 이미 모두 일어나 있었다. 극도의 긴장은 인간의 기본 생리까지 조절했다. 그 덕분에 한 시간이나 일찍 길을 나섰다. "망했어. 흐림이야!" 하루 전까지만 해도 '맑음'이던 예보가 당일에 '흐림'으로 바뀌었다. 이 말은 단 하나만을 의미했다. '일식을 볼 가능성도 흐림.' 이렇게 날릴 순 없다. 일 년간의 노고와, 열한 시간의 비행과, 수백만 원의 경비가 '흐림' 한 방에 날아가게 둘 순 없었다. 닥치는 대로 검색하기 시작했다. 개기 일식이 일어나는 도시들을 나열하고, 일일이 날씨를 대조했다. 그리고 적당한 도시를 찾았다. 오리건 주의 '마드리스'. 손톱만 한 동네지만 천문인 10만 명이 모인다던 곳이었다.

당장 운전대를 잡아 들었다. 구름을 피해야만 했다. 자연을 이길 순 없지만 선택할 순 있었다. 차와 기대로 가득한 고속도로를 우악스럽게 헤치고 그곳에 다다랐다. 그리고 비범한 변화의 순간을 기다렸다. 나는 부분 일식을 본 적이 있어서 개기 일식에 대한 기대가 크지 않았다. 그러나 개기 일식 체험자들은 한결같이 "완전히 다른 현상"이라고 말했다. 태양의 얼굴이 손톱만큼이라도 남는 부분 일식은 일상 세계의 연장일 뿐이지만 개기 일식이 되는 순간, 세계는 변모한다고. 그것은 또 다른 세계이며, 그 세계는 경험한 사람만 알 수 있다고 했다. 실제로 그러했다.

태양에 어둠이 검게 드리웠다. 둥근 몸이 달에 삼켜지자 세상이 정지했다. 시간이 멈췄고, 새들도 몸을 낮췄다. 빛이 자취를 감추자 장엄한 자연이 드러났다. 또각또각 눈으로 걸어 들어온 신비로움은 가슴을 지나 경이로움이 되었다. 이내 소름이 되어 팔에 붙었다가, 아! 하는 탄성이 되어 입 밖으로 흘러나왔다. 충격적인 광경은 두려움이 되어 나를 엄습했다.

  태양은 자신의 위엄을 아는 것만 같았다. 400배나 작은 달이 제 앞을 가려도 그저 묵묵히 빛을 뿜었다. 하나, 둘, 오십, 육십. 제 빛을 반 이상 잃어도 부끄러워하지 않았다. 그믐달보다 더 얇은 몸만 남았을 때도 여전했다. 서늘함이 드는 빛의 도피는 밤과 거리를 좁혔다. 검은 구멍에 삼켜지듯 달에 모든 빛을 빼앗기자, 공기가 차가워졌다. 찬바람이 피부를 스쳤다. 하늘엔 빛을 잃은 태양이, 희고 환상적인 광채를 내어놓았다. 코로나(태양의 대기층)였다. 한낮에 별이 떴고, 사람들의 마음엔 경이로움이 떴다.

  단 2분 동안의 가려짐이었다. 2분간 빛과 밝음이었던 태양이 어둠이 되었다. 있지만 보이지 않았고, 보이지 않지만 가장 영향력 있는 존재로 변모했다. 세상 그 어떤 것과도 비견할 수 없는 장면이었다. 하늘이 선물한 자연에 눈을 맞추었다. '자연'스러움의 의미는 곧 '두려움'이 되었다.

  일식을 보기 위해 열한 시간 동안 비행했고, 이틀간 고작 두 시간을 잤으며, 1년이 넘는 시간을 준비했다. 노력과 시간으로 다져진 고단함이 2분으로 응축되어 멈췄을 때, 나는 그저 멍하니 하늘을 바라보았다. 그것밖에는 할 수 있는 일이 없었다. 가려진 태양 구석으로 빛의 뭉치가 터져 나오자, 땅은 다시금 빛을 되찾았다. 나는 소리를 지르며 말했다. 이제야 진정으로 개기 일식을 알았다고. 지금 이 순간, 무엇이 되어도 좋겠다고.

2017년 8월 23일 테니스 인간

"자, 이제 시간이 됐다. 가자!"

이른 아침, 오늘도 그의 목소리가 햇살보다 먼저 귓가에 닿았다. 함께 일하는 K팀장이었다. 일식을 위해 떠난 미국 여행에서도 그는 여지없이 단호했다. 그러면 잠이 덜 깬 두 남자가 주섬주섬 옷을 입는다. 가타부타 말도 없다. 그저 의미심장한 표정으로 그의 뒤를 쫓았다. 그리고 향하는 곳은 늘 한결같다. 테니스장이다.

그는 테니스에 미쳐 있다. 매일 아침 테니스 레슨을 받는 것은 물론이고 하루에 서너 시간을 테니스에 바친다. 연차를 좀처럼 쓰지 않는 그가 쉬겠다고 할 땐, '아, 테니스를 오래 치고 싶은가 보다.' 하면 틀림없다. 취미로 치는 것도 모자라 한 달에 한 번씩 테니스 대회에 출전한다. 여행을 갈 때도 테니스 라켓을 두 개씩 들고 다닌다. 누군가와 함께 테니스를 즐기기 위해서다. 그래서 그는 이번 미국 여행에도 라켓과 공을 두 세트나 챙겨 왔다.

그는 3년 내내 자신이 좋아하는 테니스 선수와 똑같은 테니스복을 입고 다녔다. 유니클로 로고가 가슴에 대문짝만하게 달린 옷이었다. 구하기도 아주 힘든 옷이다. 누군가는 일부러 피할 법한, 로고가 크게 박힌 옷을 어찌나 열심히 입고 다녔는지 소문도 파다했다. "저 사람 유니클로 직원인가 봐."

어쩔 때 보면 그는 테니스 그 자체다. 테니스를 좋아하는 사람을 넘어서 '테니스 인간'이 된 것처럼 보인다. 덕분에 그가 어떤 말을 하든 그것이 테니스에 관련된 말이라면 아주 신뢰가 간다. "내년부터 테니스 복식을 세 명이서 친대!"라고 해도 말이다. 열정의 크기는 그 분야에 대한 신뢰와 같다.

그래서 가끔은 그를 보며 떠올린다.
사람들은 날 보며 무엇을 떠올릴까? 나는 무엇에 미쳤다 말할 수 있을까?

20

별빛 아래,
아름다운 사람들

조용한 향

나의 어린 날은 지극히 평범했다. 시골에서 자랐지만 집안에 빚이 있진 않았고, 오리털은 못 돼도 두터운 솜 패딩 정도는 매 겨울 살 수 있었다. 급식비든 체험 활동비든 어떤 종류의 청구서를 받더라도 전전긍긍한 적이 없었다. 계주하듯 부모님에게로 힘껏 뛰어가, 그저 빠르게 바통을 넘기면 되었다.

세상에는 정말 다양한 사람들이 있구나 하고 느꼈던 건 서울로 대학교를 와서였다. 20년을 '읍, 면, 리'에서 살아 온 내게 신기했던 건 도대체 몇 층인지 짐작조차 할 수 없는 높다란 빌딩이 아니라 사람들이었다. 시장에 진열된 상품들처럼, 출생도 과정도 다른 다양한 사람들이 저마다 향을 풍기며 엉켜 있었다. 그 향이란 것은 가끔은 찌릿했고 어떤 것은 고급스러웠다. 각자의 기억과 삶이 뒤섞여 나는 사람 냄새였다. 그 진한 향들에 취해 익숙해질 때쯤 어느새 내게 묻고 있었다. 나는 무슨 향을 내고 있을까.

어느 날 우연히 맡은 나의 향기는 '조용한 향'이었다. 은은하다기보다는 희미했고, 맑다기보다는 창백했다. 평범하고 무탈한 삶이 만든 나의 향은 무취(無臭)에 가까웠다. 처음 나의 향을 맡았을 무렵, 내 주변에서는 많은 일이 벌어졌다. 재수에 실패한 친구 G가 부모님과 연락을 끊고 잠적했다. 3일 후 겨우 연락이 된 그는 바다에 몸을 던질까 고민하며 한참 해변을 서성였다고 했다. 그즈음 나와 가장 친한 친구 M은 어머니를 잃었다.

대학 대신 일을 택한 또 다른 친구 J는 학교가 아닌 직장에서 또래보다 조금 이른 사회생활을 시작했다. 대학밖에 모르던 스무 살의 삶은 생각보다 너르고 다양했다.

각기 다른 스무 살을 보내고 다시 모였을 때 G, M, J에게는 각자의 향기가 났다. 고등학교 땐 없었던 자신들만의 향수를 뿌렸다. G에게는 실패를 통해 성장한 경험의 향이 났고, M에게는 아픔의 향이 묻었고, J에겐 이른 나이지만 사회의 향이 풍겼다. 말과 분위기에 담긴 향은 그들의 손짓 하나에도 아주 쉬이 퍼졌다. 평범하게 살아온 나의 향은 그저 맹맹했다. 있는 듯 없는 듯 미미했다.

나는 그날의 무취가 부끄러웠다. 지금 생각해 보면 축복이라고 말해도 좋을 무난한 어린 시절이 그때는 왠지 창피했다. 고생을 사서 하기 시작한 것은 그날 이후였다. 뭐라도 해야 한다며 유약한 나를 채근하게 되었다. 무언가를 겪어야 향이 생길 것이라고 믿었다.

무엇을 해야 하는지 몰랐던 어린 날의 나는 조금 우둔한 방법을 택했다. 바로 몸을 고생시키는 것이다. 지리산부터 해남까지 도보 여행을 하는가 하면, 견인포병으로 자원 입대를 하기도 했다. 포병부대 부사관 출신인 아버지가 "남자는 포병에서 빡빡 기어 봐야 정신 차리는 거야." 하고 말한 직후였다. 한번은 마음을 독하게 먹고 서울에서 부산까지 자전거 여행을 떠났다. '두 다리로 가는 데까지 가 보자!' 하는 심정이었다. 심지어 무전여행이었다. 자전거 뒤에 실린 것은 냄비 한 개와 텐트 한 동이었다. 잠깐 잡일을 해 주고 밥을 얻어먹거나, 비 오는 날 텐트 아래서 잠을 청하는 날들이 이어졌다. 무언가를 보며 행복을 느끼는 여행은 아니었다. 하루가 끝날 때 끈적한 텐트 벽을 보며 '오늘도 이렇게 지나가는구나.' 했다. 젊은 날의 편안함이나 안락함 같은 것들을 잃어야만 나만의 향을 찾을 수 있다고 믿었던 나의 도전은 계속되었다.

서울에서 부산까지였던 자전거 페달질은 이듬해 제주도로 이어졌다. 그다음엔 대만을 한 바퀴 돌았고, 나아가 유럽 일주까지 하게 되었다. 독일, 스위스, 오스트리아, 프랑스, 체코, 슬로바키아, 헝가리. 서에서 동으로, 북에서 남으로 이어진 두 달간의 여정이었다. 자전거 뒷자리에 놓였던 냄비와 텐트는 페니어(자전거 전용 짐 가방) 두 개로 바뀌었지만 두 다리의 역할은 같았다. 아침을 먹고 출발해 해 지기 전까지 자전거 바퀴는 쉼 없이 굴렀다. 하루 여덟 시간을 자전거 위에서 보낸 고생의 날들은 생각보다 많은 것을 앗아 갔다.

"당분간 자전거는 안 되겠는데요." 의사는 무릎 연골이 너무 닳았다고 했다. 내가 "나중엔 괜찮을까요?" 하고 묻자 "그럴 리가요." 라는 냉정한 대답이 돌아왔다.

지금도 추운 겨울만 되면 고향에 계신 할아버지보다 내 무릎이 먼저 시리다. 뜨거운 20대를 함께했던 자전거도 상태가 좋지 않았다. 결국 한국으로는 함께 돌아오지 못했다. 머나먼 타국 땅에서 새로운 주인을 찾아 주었지만, 무언가 추억을 두고 오는 것만 같아서 떨어지지 않는 발을 억지로 옮겨야 했다.

'나에게도 이제 향이 날까? 고생의 추억들은 향이 되었을까?' 하지만 쉽게 알 수 없었다. 향이란 것은 품은 사람에게는 쉽사리 모습을 드러내지 않는다. 누군가 맡아 주거나 찾아 주어야 간신히 주소를 알 수 있다. 나의 것임에도 어디에 있는지, 혹은 있는지 없는지조차 알 수 없었다. 영국의 극작가 셰익스피어는 "구해서 얻은 사랑도 좋지만 구하지 않고 얻은 사랑은 더욱 좋다."고 말했다. 나는 그것이 어찌 사랑뿐이겠냐고 생각했다. 그토록 원했던 향이 생겼다 한들 억지로 얻은 것이었다. '그놈의 향이 뭐라고. 괜히 오랜 시간 동안 방황만 한 건 아닐까?' 어지러운 잔소리를 스스로에게 내어 놓았다. 결국은 향이 생겼는지 안 생겼는지도 알아내지 못한 채 물러섰다. 무엇을 더 할 수도 없었다. 지쳤다고 하는 게 맞을 것이다. 그렇게 한동안 코를 막았다. 힘든 경험을 통해 향기를 얻으려는 노력은 멈추게 되었다.

향기로운 사람들

    오래전 흠뻑 빠져 듣던 노래를 우연히 다시 듣게 되면, 아주 진한 추억과 함께 그때의 향수가 떠오른다. 수년을 잊고 지내다가도 우연히 떠오른 기억 하나에 감정이 오롯이 살아난다. 잊고 지냈던 '향'에 대한 동경이 다시금 떠오른 것은 천문대 일을 시작하면서였다. 신입사원으로서 새로운 사람들과 마주치며 나는 적잖이 충격을 받았다. 좋은 향을 풍기는 사람들이 많았기 때문이다. 그 향은 아주 이롭고 향기로웠다. 깊은 배려가 배어 있는 진한 향이었다. 개성이라고 할 수도 있고, 품격이라고 할 수도 있다. 어쨌거나 그들은 여러 향들 사이에서도 자신만의 것을 뿜어내고 있었다. 부러웠다. '그들처럼 수많은 향들 사이에서도 당당한 나만의 향을 낼 수 있으면 얼마나 좋을까.' 하는 생각이 들었다.

    진한 향은 애쓰지 않아도 달라붙는다. 억지로 손사래 치며 밀어내지만 않으면 비슷하게 물들어 간다. 그래서 좋은 사람들 주변에 있으면 비슷한 향으로 물들어 가는 것 같다. 좋은 사람들과 함께 일하고 대화하며 자연스레 많은 것을 배울 수 있었다. 이것은 어떤 '운'에 가까웠다. 복이었다.

맹맹한 나의 향과 좋은 사람들의 향이 합쳐지고 있었다. 그들의 따뜻한 향을 재료로 나의 것을 새로이 만들 수 있게 된 것이다. 결과물이 어떨지는 여전히 알 수 없다. 그럼에도 생각했다. 사랑도, 향도 구하지 않고 얻어지는 것이 훨씬 좋다고. 나도 언젠간 내가 가진 좋은 향을 누군가에게 전할 수 있는 날이 오길 바란다고.

지난 몇 년을 가만히 돌아본다. 아이들과 별이 좋아 일을 시작했고, 아주 감사한 사람들 곁에서 능력을 쌓았다. 아이들에게 천문학 강의를 하거나 그들에게 알려 줄 무언가를 공부하고 개발하는 것은 일이었지만 즐거움에 더 가까웠다. 아이들의 웃음과 환대 속에서 지낸 몇 년은 분명 내가 원하던 시간이었다. 주말을 줄여 가며 일하고 낮 시간의 자유를 업무로 채우기도 했지만, 나만 겪는 특별한 일은 아니었다. 그러나 감사하게도 분에 넘치는 평가를 받았고 여러 차례 좋은 기회를 얻었다. 잠깐 눈을 감았다 뜬 것 같은데 어느새 한 회사의 대표가 되었다. 나는 그렇게 천문대의 대장이 되었다. 아이들을 처음 만나며 들었던 '나는 선생님이 될 자격이 있는가.'라는 물음은 몇 년이 지나서 '나는 대장이 될 자격이 있는가'. 로 바뀌었다. 이제는 아이들과의 수업은 물론 직원들의 미래까지도 그려야 하는 위치에 있다. 그 부담감은 잠 못 이루는 날들로 이어졌다. 여전히 나는 어리고 유약한 청년이었던 것이다. 그럼에도 힘을 낼 수 있었던 건 아주 감사한 사람들의 향 때문이었다. 직원으로 있으면서 나눈 빛나는 대화가 내 삶을, 내 하루를 건강하게 지켜 줄 것이라고 확신한다. 그리고 별빛 아래의 행복한 삶을 지탱해 줄 것이라 믿는다.

Episode

Episode 1. 최악의 실수

최악의 실수를 저질렀다. 망원경이 하루 종일 '비를 맞았다.' 밤하늘을 바라보는 망원경이 고개를 숙였다.

참담했다. 천문대에서 가장 비싸고 중요한 장비인 '망원경'이 침수됐다. 지난밤 갑작스레 내리는 비에 급하게 문단속을 한 게 화근이었다. 때아닌 겨울비에 이게 웬 난리냐며 퇴근만 재촉했다. 좀처럼 실수하지 않는 동료 직원의 "잘 정리했다."는 말을 그저 끄덕이는 고개로 답했다. 그가 그 일을 맡았다고 해서 내 잘못이 없는 것은 아니다. 좀 더 부지런한 그가 조금 더 빠르게 움직였을 뿐 책임은 같다. 우리는 함께 일을 저질렀다.

돔 내부는 참담했다. 망원경은 물론 가대와 컨트롤러도 비에 쫄딱 젖었다. 수천만 원을 호가하는 민감한 장비가 말 그대로 '거지 꼴'이었다. 기다리는 사람들을 위해 깔아 놓은 전기방석도 덩달아 세수를 했다. 물을 가까이 하면 안 되는 것들만 모아 놓은 곳에 파도가 지났다. 별을 기다리는 사람들은 물론 내 마음에도 거센 비가 내렸다.

관측 여건을 개선하기 위해 고작 한 달 전에 새로 산 망원경이었다. 금전적 손해는 알 길이 없다. 어느 것이 작동되고 작동되지 않는지도 모른다. 불행 중 다행으로 망원경을 제외한 전자 장비(노트북, 모니터, 히터 등)는 비를 맞지 않았지만 그것들은 망원경의 중요도나 가격에 비하면 새 발의 피다. 대장님 앞에 섰다. 나와 동료는 머리를 숙였다. 건장한 청년 둘이 굳은 표정으로 말했다.

"죄송합니다. 면목 없습니다."

"죄송합니다. 확인하지 못했습니다. 정말 죄송합니다."

"괜찮다. 이런 일로 기죽을 필요 없다. 문제없다. 다만 실수를 반복해서는 안 된다. 너희 자신을 위해서."

세상 누구보다 가슴 아파해야 할 사람이 우리를 위로했다. 실수를 발견한 이후 눈이 바닥으로만 향했던 우리에게 힘을 내라 말했다. 이해할 수 없었다. 왜 그는 그렇게 말했을까. 나는 어쩌다 이런 사람을 만나게 되었을까.

우성엽 대장님. 그는 대단한 사람이다. 평사원으로 입사해 회사의 기틀을 닦았다. 지금은 한 회사의 대표가 되었다. 어느 곳에서나 인정받는 '능력자'가 바로 그다. 우리의 잘못을 용서했기 때문이 아니다. 그는 원래 그런 마음을 가진 사람이었다. 한번은 술자리에서 이런 이야기를 한 적이 있다.

"너희들은 내가 뽑은 사람이다. 그리고 나의 사람이다. 너희들이 하는 모든 일의 책임은 나에게 있다. 내가 너희들을 선택했기 때문이다. 너희들의 단점은 너희들의 장점으로 메울 수 있다. 어떤 일을 해도 겁내지 마라. 늘 너희 뒤에 든든히 서 있겠다."

그는 그런 사람이다. 입으로만 '리더십'을 말하는 사람과는 다른 사람, 모두에게 존경받는 사람, 사람의 마음을 사는 사람. 리더는 자신을 따라오라 외치는 사람이 아니라, 자신을 따라오게 하는 사람이라 했다.

나는 세상에서 가장 리더다운 리더 밑에서 일하고 있다. 언젠가 나도 그런 리더십을 가질 수 있을까? 직원들의 책임을 내 책임으로 여기며 감싸 줄 수 있을까? 나도 저렇게 될 수 있을까?

Episode2. 낯 뜨거운 편지

〈어린이천문대〉에 막 입사했을 때였다. 당시 내게는 이상한(?) 신념이 하나 있었는데, 한 발 나아가기 위해서는 반드시 시련이 필요하다는 것이었다. 그 생각은 〈어린이천문대〉 설립자인 김승현 총대장님과 대화를 나누며 더 굳건해졌다. 그 대화 속엔 무엇보다 소중한 '마음씨'가 들어 있었다.

그 대화의 작은 추임새 하나까지 울림이 큰 대화였던 것이다. 그래서인지 5년도 더 지나서 총대장님께 편지를 한 통 썼다.

총대장님께.

홀로 미국 여행을 마치고 오는 비행기 안입니다. 새로운 세상을 경험하겠다며 떠난 곳에서 충분히 즐거운 휴식을 취하고 돌아오는 길이에요. 모두가 즐기면서 하는 우리 일에 무슨 스트레스가 있겠냐마는, 잘 해내고 싶다는 '간절함'의 크기만큼 기대와 책임감이 뒤따르기에 전혀 힘들지 않았다면 거짓말이겠지요.

그래도 열심히 일해 온 시간들이었어요. 즐거운 시간, 감사한 마음을 담아 우리 천문대 식구들에게 짧은 편지를 남깁니다.

전 대장님을 생각하면 항상 떠오르는 기억이 있어요.

5년 전, 정직원으로 입사한 후 일산 어린이천문대에서의 일이에요.

일을 마치고 회식을 하며 얼근하게 취했을 때였을 거예요.

대장님은 파란만장한 과거 이야기를 들려 주셨죠.

여러 번 사업에 실패하고 절망감에 다리 위에 섰던 그 순간의 이야기도요.

저는 항상 생각했습니다. 성공한 사람에게는 반드시 '시련'이 있었다고요.

재화적 가치 이외에 '무형'의 무언가를 얻을 때도 그러한 시련을 겪는다고 생각했습니다. 그리고 그것은 대장님의 삶을 통해서도 증명되었지요.

막연한 제 생각을 대장님으로 하여금 확인했다고나 할까요. 언젠가 저에게도 올지 모르는, 혹은 왔으면 하고 바라는 그 시련의 시간을 증명하는 증인이 제 앞에 있었거든요. 그날의 대화는 종종 기억날 만큼 제게 큰 울림을 주었습니다.

"대장님, 저는 성공하는 사람은 반드시 시련을 겪는다고 들었습니다. 대장님 또한 그러한 시간들을 지내셨다고 들었고요. 그래서 항상 여쭙고 싶었던 게 있었습니다. 제가 그러한 시간을 겪게 된다면, 정말 힘들고 어려운 시간을 겪는다면 어떻게 해야 할까요? 사실 저는 고생도, 어려움도 겪은 적이 없는 하얗고 작은 '어른 아이' 거든요."

"네 말이 맞아. 나는 모든 것을 다 포기하고 다리 위에 설 만큼 절박해 본 사람이야. 그리고 너와 같은 사람을 직원으로 그리고 동생으로 둘 지금의 자리에 이르렀지. 너에게도 반드시 그런 시간이 올 거야. 나는 그렇게 믿는다.

혹시 네가 그런 어려운 시간들을 겪는다면, 주저하지 말고 나에게로 와라. 너의 어려움을 내가 다 풀어 줄 순 없겠지만 그 길을 먼저 겪었던 사람으로서, 먼저 다리 위에 섰던 사람으로서, 나는 너에게 충분히 술 한잔 사 줄 수 있는 그 자리에 계속 있을 거야. 너와 진하게 술 한잔 기울이며 고충을 나눌 사람으로 있을게. 지금처럼 나를 믿으렴. 나는 돈이나 명예보다 '그런 사람'으로 너에게 남을 거니까."

저는 그날의 대화를 아직도 잊을 수 없어요. 대장님에게는 여느 술자리의 하나였을 수도 있지만, 제게는 인생의 큰 울림을 받은 날이었습니다.

남자끼리 낯간지럽다는 핑계로 전하지 못한 감사함을 늘 가슴에 품고 있습니다.

꾸준히 작은 어른으로 살고 있는 제게 응원을 보내 주시는 것도,

항상 '잘하고 있다'며 격려해 주시는 것도 진심으로 감사합니다. 제가 무엇을 해 드릴 수 있겠냐마는, 늘 진심을 담아 생활하는 것으로 그 감사함을 갚을게요. 대장님이 어린 저에게 내주셨던 그 마음을 좇을 순 없겠지만, 저도 누군가에게 힘이 되며 살겠습니다. 보고 배울 감사한 길을 걸어 주셔서 감사합니다.

쪼쪼 올림

Episode3. 말 대장, 고마워

체육 대회 이후로, 내 별명은 '말'이 되었다. 입사 후 첫 체육 대회였고, 하필이면 내가 잘할 수 있는 종목이 편성되었다. 축구, 족구, 탁구. 모두 대회에 나가 입상을 할 만큼 숙련된 종목들이었다. 그날의 나는 정말 '말'처럼 뛰었다. 뭐 저런 애가 다 있냐며 대장님들은 고개를 저었다.

그저 운이었다. 만약 그날의 종목이 농구, 당구처럼 세밀한 정확도를 요구했다면 나의 별명은 '말'이 아니라 '허당'이 되었을 공산이 크다. 어쨌거나 일은 벌어졌고 한번 새겨진 각인은 지워질 줄 몰랐다. 그래서 각 지역의 천문대장님들에게 나의 별명은 꾸준히 '말'이었다.

절대로, 얼굴이 길어서는 아니다.(라고 생각할래요….)

사람을 동물에 비유한 것이 불쾌할 수도 있겠지만 나의 경우는 아니었다. 오히려 기분이 좋은 쪽에 가까웠다. 신입 사원의 패기를 인정받은 것 같았고, 그날의 열정을 떠올리는 말 같았다.

과중한 업무에 눌려 납작해진 채 아우성칠 때도, "어이 말 팀장~ 힘내." 한마디면 당근과 채찍을 동시에 받은 것처럼 달릴 수 있었다. 나는 그렇게 말처럼 성장했다. 감사한 기회와 배려로 대장이 되었다. 미국에서 개기 일식을 보고 돌아오는 길에 와인을 한 병 샀다. 누구보다 나를 '말'이라 부르기를 좋아하는 P 대장님을 위해서였다. 워낙 와인을 좋아한다는 것도 알았고, 그간 받은 응원이나 배려에 보답하고 싶었다. 지점이 달라 자주 뵙진 못했지만, 조금이나마 감사의 표시를 하고 싶어 꽉 찬 캐리어에 와인 한 병을 욱여넣었다. 그리고 대장이 되어 처음 참석한 대장 회의가 끝날 무렵 P 대장님의 뒤를 쫓았다.

"대장님! 여기, 와인입니다!"

"응? 웬 와인?"

"이번에 출장 갔다가 대장님 생각이 나서 사 왔습니다. 시애틀 와인이 유명하다고 해서…."

"응? 나한테? 잘해 준 것도 없는데…."

"아닙니다. 늘 감사합니다!"

"암튼 고마워. 잘 마실게!"

P 대장님은 화들짝 놀라며 선물을 받으셨다. 마치 응모한 적 없는 이벤트에 당첨된 것 같은 표정이었다. 운전석에 올라 후진으로 천문대를 빠져나가는 동안에도 내내 그런 표정을 지으셨다. 그리고 두 시간쯤 뒤에 띵똥, 핸드폰이 울렸다. P 대장님의 메시지였다.

'말 대장, 고마워. 딱히 뭐 챙겨 준 것도 없는데 쑥스럽고 고맙네. 빈말이 아니라 내가 말 대장을 정말 좋아하지. 항상 열심히 즐겁게 사는 모습이 너무 예뻐서 아들에게도 종종 이야기해. 말 삼촌처럼 멋지게 살라고. 항상 응원하는 거 알지? 무엇이든 도움이 필요하면 이야기해. 밥 잘 챙겨 먹고.'

그 짧은 메시지를 받고 나는 가슴이 찡해졌다. 자신이 베푼 마음에 감사하는 사람에게 도리어 고마움을 전하는 품격이 멋졌다. 그 품격은 재력이나 능력에서 나오는 것이 아니었다. 꽉 찬 인성에서 나오는 귀한 품격이었다. 별것 아닌 한마디가 참 고마웠다. 감사함을 담은 작은 와인 한 병은 더 값진 한마디가 되어 돌아왔다.

그날 밤 집에 돌아와 늦은 러닝을 했다. 피곤함에 쌓여 뛰면서도 나는 무척 행복했다. 주변에 이토록 멋진 사람이 많다는 것은 큰 복이다. 별빛은 언제나 환상적이었지만, 별빛 아래 함께하는 사람들은 그보다 더욱 따뜻했다. 가슴 따뜻한 메시지 한 통은 모든 것을 감사하게 했다.

다른 것은 몰라도 꼭, P 대장님의 그 품격만큼은 배우고 싶다고 생각하며 강변을 달렸다. 하늘에는 보름을 지난 달이 기운 채 머물고 있었다. 몸을 기울여 달을 쳐다보았다.

달은 고개를 숙여 바라보아도 변함없이 고고한 빛을 내고 있었다. 누군가의 품격처럼.

2017년 11월 3일 아니어도 그렇게 되어야지

지난 금요일, 10킬로미터를 내리뛰었더니 무거운 기운이 몸을 짓이겼다. 뻑뻑해진 몸은 따뜻한 수프에 담가진 식빵처럼 천천히 회복되었다. 5일쯤 지나자 스스로에게 물었다. '다 회복되었겠지?' 세탁 후 원래 색을 되찾은 형광색 운동화를 신으며 말했다.

"아니어도 그렇게 되어야지"

태양이 없는 1시 반엔 사람도 없었다. 모두들 다음 날을 위해 잠들 시간이었다. 고생한 하루에 미적지근한 위로를 보내며 눈을 감을 새벽에도 나는 팔팔했다. 텅 빈 강변을 채우듯 달렸다.

"요즘 많이 바쁘지?"

세상에 안 바쁜 직장인이 누가 있겠냐마는, 스스로를 돌아보자면 치열한 며칠이었다. 누군가 나서서 걱정을 대신해 줄 만큼 빡빡한 날들이었다. 밤낮이 없고, 쉼과 일의 구분이 흐릿해질 만큼 일해도 더 이상 칭찬해 줄 사람은 없다. 일과 이익의 주체가 자신으로 변했기 때문이다.

회사의 대표가 된다는 것은 조금은 외로운 일이기도 했다. 나만을 위해 살지 않겠다고 약속했다. 내 사람들에게, 내 직원들에게 "나는 부자가 될 생각이 없다."고 말했다. 소중한 사람들에게 배운

대로, 따뜻한 사람들과 느낀 대로, 욕심부리지 않는 대표가 되겠다고 말했다.

실제로 내가 '그런 사람'인지를 끊임없이 생각했다. 뛰는 내내 떠올리고 또 떠올렸다. 늦은 강변을 땀방울로 채우며 다짐했다.

'아니어도 그렇게 되어야지.'

미소 짓게 하는 아이들의 쪽지

 선생님은 왜 개그맨 안 하고 선생님이 됐어요?
너무 웃겨서 선생님 얼굴만 봐도 웃음이 나요.

 왜 천문대 수업은 한 달에 한 번이에요?
하루에 한 번이면 좋겠어요! 한 달은 너무 길어요.

 저는 원래 10시만 되도 자는데,
천문대에 오면 11시가 되도 안 졸려요!
천문대는 이상한 곳인 것 같아요!!

 쌤은 언제부터 별을 좋아하게 됐어요?
저는 선생님을 만나고부터 별이 좋아졌어요.

 저 엊그제 달을 봤는데 선생님이 생각났어요.
선생님이 말해 주신 토끼, 두꺼비 얘기가 생각나서
엄마한테 얘기해 줬더니 엄마가 엄청 웃기대요!

 쌤. 쌤이 오로라 보러 간 얘기 해 주셨잖아요!
그래서 저도 오로라를 보러 캐나다에 가는 게 꿈이에요!
언젠가 꼭 보러 갈 거예요!
그러면 꼭 사진 찍어서 보내드릴게요!

천문학이 밥 먹여 주니

저자 조승현
1쇄 발행 2018. 11. 20
2쇄 발행 2019. 03. 06
펴낸이 김승현
펴낸곳 (주)아스트로캠프
출판사등록 2015년 6월 2일(제2015-000121호)
ISBN 979-11-964149-1-7(13440)

만든사람들
디자인 유지혜
표지 일러스트 정민진
내지 일러스트 김정민
교정 조은영
제작 박동간

ⓒ 천문학이 밥 먹여 주니 www.astrocamp.net
본 책은 저작자의 지적 재산으로서 무단 전재와 복제를 금합니다.